中国社会科学院创新工程学术出版资助项目

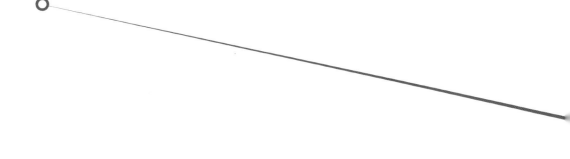

拉尔夫·密里本德
政治理论研究

雷晓欢 ◎ 著

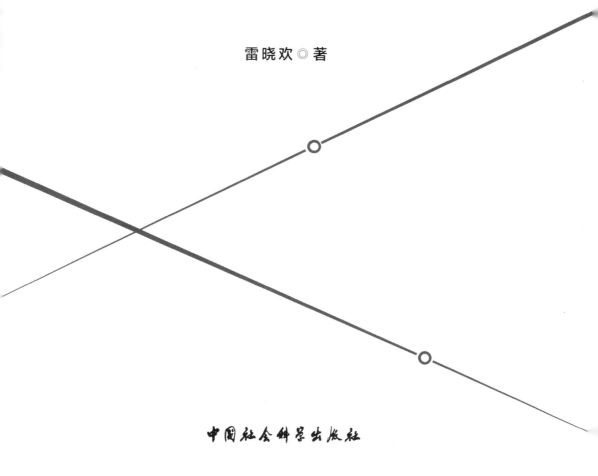

中国社会科学出版社

图书在版编目（CIP）数据

拉尔夫·密里本德政治理论研究/雷晓欢著. --北京：中国社会科学
出版社，2019.5

ISBN 978 - 7 - 5203 - 4380 - 0

Ⅰ.①拉… Ⅱ.①雷… Ⅲ.①拉尔夫·密里本德(RalphMiliband,1924 -
1994)—马克思主义理论—政治理论—研究 Ⅳ.①D095.615②A81

中国版本图书馆 CIP 数据核字(2019)第 082420 号

出 版 人	赵剑英
责任编辑	喻 苗
责任校对	胡新芳
责任印制	王 超

出　　版	中国社会科学出版社
社　　址	北京鼓楼西大街甲 158 号
邮　　编	100720
网　　址	http://www.csspw.cn
发 行 部	010 - 84083685
门 市 部	010 - 84029450
经　　销	新华书店及其他书店

印　　刷	北京明恒达印务有限公司
装　　订	廊坊市广阳区广增装订厂
版　　次	2019 年 5 月第 1 版
印　　次	2019 年 5 月第 1 次印刷

开　　本	710×1000 1/16
印　　张	14.75
插　　页	2
字　　数	201 千字
定　　价	69.00 元

凡购买中国社会科学出版社图书，如有质量问题请与本社营销中心联系调换
电话:010 - 84083683

前　言

　　第二次世界大战后，随着资本主义经济的发展、社会结构的变化以及资本主义国家自身的调整，"工人阶级已经消亡"的观点开始盛行，马克思主义的政治理论尤其是国家理论也受到诘难，资本主义必将被社会主义所取代的论断被认为已经成为天方夜谭式的神话。这极大地模糊了人们对发达资本主义国家本质的认识，动摇了人们以社会主义替代资本主义的信心。在这种背景下，英国著名的左翼政治学家拉尔夫·密里本德（Ralph Miliband，1924—1994）对发达资本主义国家的阶级结构、国家本质以及社会主义策略等问题的深入研究，形成了独具特色的发达资本主义政治理论。这一理论在一定程度上回应了上述对马克思主义的挑战，在西方世界产生了重要的影响。

　　密里本德的政治理论主要包括对发达资本主义社会阶级状况的分析、对发达资本主义国家本质和作用的研究，以及对发达资本主义国家未来走向社会主义道路的探索。从总体上看，其政治理论的基调是马克思主义的，但从具体内容和论证方式看，又受到早期西方马克思主义理论家以及同时代其他西方左翼学者的影响。正是在与马克思、葛兰西、普兰查斯等人的对话中，密里本德形成了关于阶级、国家和社会主义的独到见解。

　　密里本德承认马克思主义阶级分析的当代有效性以及对于理解

当代资本主义问题的重要性。面对当时西方学术界关于"阶级的死亡"和"阶级是否存在"的讨论,他十分鲜明地指出发达资本主义国家仍然是个阶级对立的国家。密里本德以一幅清晰的"梨形"金字塔状的"阶级图示"说明发达资本主义国家的阶级现状,并将纷繁复杂的阶级斗争形式概括为来自下层的和来自上层的双向阶级斗争,肯定了阶级斗争在发达资本主义国家的持续中心性和相关性。在他看来,除了人们熟知的工人运动外,新社会运动也是来自下层的阶级斗争的重要组成部分。因为就生产角度而言,发达资本主义国家阶级斗争产生的原因并不只是基于工人在生产过程中遭受的剥削,还基于公民对公共福利和公民权利的要求。关于上层的阶级斗争,密里本德将国家设定为重点考虑的对象。他认为,马克思关于国家是统治阶级工具的结论,决定了国家必然是除了资产阶级之外的来自上层阶级斗争的另一主体。因此,国家的一系列政策和制度其实是上层阶级斗争的手段和工具。20 世纪中期的阶级斗争也突破了民族国家的领土界限,发展成为国际层面的斗争,其实质是阶级斗争在国际范围的延伸。至此,密里本德完成了对发达资本主义社会阶级状况的分析,为进一步揭示发达资本主义国家的阶级本质打下坚实的理论基础。

根据马克思主义市民社会决定国家的观点,以及发达资本主义国家仍然存在阶级和阶级斗争这一事实,密里本德以阶级分析作为主要方法,展开对发达资本主义国家的研究。密里本德基本认同马克思关于国家是统治阶级工具的观点,并通过分析发达资本主义国家权力、国家机构和国家职能来加以论证。同时他也指出,国家除了阶级本质的性质之外,还具有相对自主性。在他看来,阶级权力并不等于国家权力。因此,国家相对于统治阶级和公民社会具有自主性。他进一步指出,国家的相对自主性并不影响国家的阶级本质,相反,它会稳定而有效地保护统治阶级的利益。在完成对发达资本主义国家一般性质和作用的分析后，密里本德对其展开了激烈的政治批判，尤其是对发达资本主义国家的民主和对外扩张做了深入的评判，进而揭露发达资本主义国家的罪恶。密里本德强调，资本主义自身不足以解决这些问题，唯一的方法是用社会主义代替资本主义。

密里本德政治理论的旨趣在于重新评估社会主义，并指明发达资本主义国家未来走向社会主义的必然性和途径。对密里本德而言，资本主义具有许多弊端，而苏联共产主义也不是真正的社会主义。在他看来，社会主义是一个长期的过程，且具有民主、平等和社会化的经济三个特征。社会主义的实现既要根植于当下的现实，又要超越现实，但在资本主义国家实现社会主义面临诸多挑战和质疑。他主张以工人阶级为主体，联合左翼政党和新社会运动的力量，通过改革的方式实现社会主义。就经济基础层面的改革而言，要发展一种混合经济。就上层建筑层面的改革而言，首先从国家组织机构、传播领域等实现民主，其次以教育为首要途径加快普通大众获得公民权的步伐，促进平等的实现。

密里本德政治理论的主要特点是：在阶级问题上，坚持马克思主义的阶级分析方法和以"社会中心"为切入点的研究视角；在国家问题上，虽然他坚持并重申马克思关于国家是统治阶级工具的观点，但其理论并不是严格意义上的工具主义国家理论，其国家理论还暗含了结构主义的因素。这一点既体现在密里本德研究国家问题时不自觉地运用了结构主义的方法，也更加清晰地反映在他与英国新左派的关系中。

总体上看，密里本德的政治理论既有积极的意义，也有一定的局限性。就其积极意义而言，密里本德的政治理论力图厘清发达资本主义国家的阶级构成，重申了阶级政治的重要性；力图勾画资本主义社会中国家权力的结构，维护马克思关于发达资本主义国家本质的观点；坚定了人们以社会主义替代资本主义的信念。但是，密里本德的政治理论也存在一些缺陷，如阶级划分标准上的"多元论"嫌疑，他的社会主义策略本质上是改良主义的，而狭窄的学术视野也限制了其政治理论的影响力。

目　　录

导　论

拉尔夫·密里本德①（Ralph Miliband，1924－1994）是波兰裔的英国政治学家和社会主义者②，英国社会主义期刊《社会主义纪事》③ 的创立者之一，且通常被看作是"英国第一代新左派"④ 和"英国新马克思主义者"⑤。他曾先后从教于英国伦敦政治经济学院、利兹大学，以及北美的一些大学⑥。密里本德的研究兴趣主要

---

① 国内学者先后将其翻译为米利班德、米利本德、密利本德、密里本德，在这里笔者采用的是国内学界目前较为流行的翻译，即"密里本德"。

② 拉尔夫·密里本德，1924 年 1 月 7 日出生于波兰华沙一个犹太人家庭，他的父亲是华沙一个有社会主义觉悟的皮革业手工工匠。他在 15 岁参加犹太人社会主义青年组织"青年自卫军"时期接触到了《共产党宣言》，受马克思主义的启发，逐渐认识到资本主义剥削制度的本质。来自家庭的持久影响以及个人的经历使密里本德迅速成长为一个社会主义者。虽然他一生并未加入过共产党，但他一直认为自己是一个"革命的社会主义者或者是共产主义者"，也一直强调"自己是一个独立的社会主义者"。

③ 《社会主义纪事》创刊于 1964 年，主要创刊人是拉尔夫·密里本德和约翰·萨维尔（John Saville，1916－2009）。

④ 一般而言，英国第一代新左派指的是 20 世纪 30 年代以前出生的新左派思想家，主要代表人物有 E. P. 汤普森、斯图亚特·霍尔、约翰·萨维尔、拉尔夫·密里本德等。他们研究的关注点主要集中在历史、文化、经济学和政治学。

⑤ 英国学者玛德琳·戴维斯指出，1956 年之前，马克思主义在英国基本上是共产党学说的同义词。不同于英国旧左派，1956 年之后产生的新左派的马克思主义旨在把马克思主义本土化。就这一意义而言，新左派的马克思主义是一种"独立的"马克思主义或"新马克思主义"。也就是说，西方学者试图按照他们所理解的马克思主义理论对当代发达资本主义国家现实做出新的理论解释。

⑥ 1978 年以后拉尔夫·密里本德受聘于北美一些大学，先后在布兰德斯大学、多伦多的约克大学、纽约市立大学研究生部任教授。

集中在马克思主义政治理论，尤其是阶级、国家和社会主义策略这些传统的焦点问题。他以一篇题为"法国大革命时期（1789—1794）的大众思想"的博士论文顺利毕业于伦敦政治经济学院，从20世纪50年代开始关注资本主义政治问题，并做了深入的研究。具体而言，密里本德的著作可以划分为两个时期，并且分别包含两个不同的问题域。其早期代表著作有《议会社会主义：工党政治研究》（1961年英文初版）、《资本主义社会的国家》（1969年英文初版，中译本1997年出版）、《马克思主义与政治学》（1977年英文初版，中译本1984年出版）、《英国资本主义民主制》（1982年英文初版，中译本1988年出版）、《阶级权力和国家权力》（政论集，1983年英文初版），这一时期密里本德的关注焦点是国家性质问题；其后期代表著作有《分化的社会：当代资本主义中的阶级斗争》（1989年英文初版）和《怀疑时代的社会主义》（1994年英文初版），这一时期他着重研究了发达资本主义国家的阶级问题和未来社会主义的实现问题。其主要论文有《资本主义国家的问题》《马克思主义理论和现代国家》《政治形式和历史唯物主义》《国家权力和资本主义民主》《问题中的社会主义》等。

近年来，密里本德政治理论越来越受到关注，对其研究不断增加。他是西方左翼学者中比较系统地从政治学角度研究和批判当代资本主义的重要代表人物之一。研究其政治理论具有一定的理论意义和现实意义。

首先，有助于丰富马克思主义的资本主义批判理论。密里本德是英国著名的政治学家，因其提出的国家理论维护马克思关于国家本质的观点而被人奉为"工具主义"国家理论的代表人物。他以"社会中心"为视角，展开了对发达资本主义国家和政治的一般性分析，指明发达资本主义国家的本质和作用。在随后的学术研究中他又着重分析了发达资本主义社会中的阶级结构和阶级斗争，并研究发达资本主义国家实现社会主义的中介和策略。正如英国左翼学者佩里·安德森指出的那样，政治学和经济学传统是最能凸显马克思主义理论的与众不同，也是其最宝贵的地方。因此，他主张继承并运用这两个传统来诊断当代资本主义的变化。密里本德的学术研究正是从政治学角度展开对发达资本主义的分析和批判，其研究方法和结论对于我们坚持和运用马克思主义的观点研究西方政治制度和国家制度有很大的启发意义。更重要的是，他从政治学角度描绘了发达资本主义国家的政治面貌，勾画出当前资本主义制度下阶级与国家权力的结构，展现了发达资本主义国家和资本主义经济、阶级结构之间的关系。他从政治学角度对资本主义进行的颇具深度的批判，清晰并乐观地证明实现社会主义的可能性。

其次，在新的历史条件下，有助于人们认清资本主义的本质，坚定走社会主义道路的信心。20世纪末，苏联解体、东欧剧变导致世界社会主义运动转入低潮，一些西方主流学者据此提出了"历史的终结"的观点，他们认为在资本主义和社会主义的较量中，社会主义失败了，并无法挽回地死亡和消失了。面对这些理论挑战，密里本德持明确的反对态度。他通过运用马克思主义的阶级分析方法，揭开遮盖在资本主义国家头上的"政治体系"和"政治行为"面纱，并区分社会主义民主和资本主义民主的政治、经济体制架构，力图证明社会主义是替代资本主义的最好选择，同时探索导向社会主义民主的结构化改革的类型。这些理论和观点有助于我们进一步认识当代资本主义的性质和弊端，坚定社会主义信念。

最后，有助于从整体上把握英国新左派的历史发展脉络。密里本德是英国新左派的代表人物之一，在英国乃至西方学界占有重要的地位，透过密里本德的理论活动和理论观点，我们可以从整体上把握英国新左派的理论特点、理论路径和理论传统，进而从一个方面了解马克思主义在英国的发展和影响。

一 密里本德的生平与思想

1924年拉尔夫·密里本德出生于比利时的一个波兰犹太人家庭。他的父亲是华沙一名皮革手工工匠，也是犹太者同盟的成员之一，这个同盟是由社会主义工人组成的，旨在保持民族自治。这表明他的父亲是一个接受了社会主义的有觉悟的工人。密里本德的叔叔参加了由托洛茨基组织的红军。这在密里本德幼小的心灵中播下了社会主义的火种。15岁时他加入犹太复国主义左翼青年组织"青年卫士"，第一次了解到资本主义的剥削。一位年轻的社会主义激进分子毛里·特兰（Maurice Tran）送给他一本《共产党宣言》。正是在这种背景下，密里本德接触到了马克思主义。虽然他当时并没有完全理解《共产党宣言》的含义，但至少受其影响开始关注社会主义政治学。1940年德国入侵比利时，他同父亲本想逃亡法国，但由于纳粹对法国实施空袭，他们被迫在纳粹军队占领奥斯坦德之前，搭乘最后一艘离开比利时的船逃往英国多佛。当密里本德以犹太难民身份来到英国时，他开始形成一种广泛的马克思主义的观点。初到英国，密里本德和父亲为了解决温饱问题做了搬运工，接触到大量中产阶级和非熟练的工人阶级。工作之余，密里本德在图书馆进行广泛的阅读，读到了哈罗德·J.拉斯基（Harold J. Laski）的著作并申请做其学生。1941年他进入伦敦政治经济学院，并师从拉斯基。1943—1946年，密里本德中断学业，在英国皇家海军服役三年，主要负责收集德国无线电信息。1947年他重返校园并获得学士学位。他的博士论文题目是《法国大革命时期（1789—1794）的大众思想》。密里本德毕业后最初在芝加哥罗斯福大学任教，20世纪50年代初，他回到英国在伦敦政治经济学院任教。密里本德并不赞成党派政治，但是在50年代初，他还是加入了英国工党，目的是同英国工党左翼人士共同推进社会主义向前迈进。1965年，密里本德的幻想破灭后，他毅然退出英国工党，此后一直独立于任何政治党派，直到去世。

同拉斯基一样，密里本德对苏联的共产主义持批判态度。对苏联在 1950 年 10 月出兵镇压匈牙利革命的行为，给予强烈的谴责和批评。因此，他积极寻求可以从下层带来社会主义政治变革的知识和政治运动，或者至少是可以为左翼提供一个辩论的机会。正因如此，密里本德对 1956 年 7 月出版的新杂志《大学与左翼评论》表现得非常热心，并对英国工党的"修正主义"正统观点进行了马克思主义的批评。在此之后，他在新成立的新左派俱乐部中积极发声。

1956 年 2 月，赫鲁晓夫发表秘密报告，对斯大林进行了严厉的批评。3 月，这份秘密报告传入西方。随即，西方国家共产党开始"去斯大林化"，一大批左派知识分子纷纷向右转。英国共产党内部一些知识分子党员提出要重新思考党的未来。如爱德华·P. 汤普森和约翰·萨维尔创办了《新思想者》，以此为阵地公开反对斯大林主义。密里本德于 1958 年 12 月加入了《新思想者》的编辑委员会。他为英国第一次出现一大批独立的马克思主义知识分子而感到鼓舞。1959 年《新思想者》和《大学和左派评论》合并为《新左派评论》。密里本德强烈反对这种合并，因为在他看来，这两本期刊的成员属于两种不同的政治和文化传统，也代表了两种截然不同的思想和经验潮流。《新思想者》代表的是第一代新左派，他们大都成长于相对封闭的英语环境，参加过反法西斯的斗争，是工人运动的知识分子。而《大学和左派评论》是由牛津大学的学生创办，代表的是牛剑（oxbridge 是英国两所最知名的大学牛津大学和剑桥大学的合称）派的知识分子，也就是第二代新左派。他们更侧重于理论分析，大部分人没有经历过英国的工人运动，政治上具有分散性。在他们看来，英国没有真正的马克思主义传统，对于既有的统治秩序，没有一个真正的政治上的替代，因此认为《新左派评论》的任务就是从其他国家引进高度理论化的观点来对抗英国的经验主义。1963 年，当以爱德华·P. 汤普森为代表的第一代新左派和以佩里·安德森为代表的第二代新左派彻底决裂时，密里本德提出创办一本新杂志以体现《新思想者》所包含的精神。这一建议的结果就是 1964 年密里本德同萨维尔一起创办了《社会主义纪事》。密里本德参与了这本杂志的编辑工作，直到去世。《社会主义纪事》主要出版的是"独立马克思主义者"的文章，而不是主流的共产党员或社会民主党人。不论是主题设定还是作者都具有国际性的视野，它设置了诸如社会主义理论和实践、劳工历史和当代事件、社会主义经典著作的书评和评论等栏目，聚集了像安德烈·高兹、保罗·斯威齐等有国际影响的新马克思主义者的文章。《社会主义纪事》打开新的视角，推动指向结论、行动和组织的争论。它既没有过于深奥或学术化的文章，也没有无意义的争辩，而是侧重于具有现实意义的文章，例如对社会主义者以及对世界各地工人运动和社会主义运动进行回顾，对一年中重要的事件进行回顾，并从社会主义的角度进行分析，尝试从世界范围获得对英国的系统性研究和关注，例如获得其他国家和地区的经验教训。

密里本德在新左派的第一阶段，开始撰写《议会社会主义：工党政治研究》（1961）。其主要内容是对英国工党及其政策的批判，并对选举制和官僚机制做了深入的分析。在他看来，一旦政党在选举和治理过程中制度化，它们就会普遍偏离追求更加激进的目标的轨道。尽管对英国工党持有批评的态度，他仍然对之抱有希望，希望它能够成为英国民主社会主义的有力政治代理人。《议会社会主义：工党政治研究》奠定了密里本德在左翼知识分子中的地位，在此期间，密里本德在英国和平运动、反越战运动以及许多其他反社会和政治压迫的运动中也变得日益活跃。但由于坚信社会主义需要在更广泛战线上的动员，加之英国工党领袖哈罗德·威尔逊决定支持美国在越南的战争，密里本德对英国工党失去信心，最终在20世纪60年代初离开工党。离开工党的密里本德仍然坚定地认为工人阶级和工人运动是社会主义和社会转型的主要推动者。

当新左派抛弃马克思的时候，密里本德成为复兴马克思主义政治理论的主要思想家之一。1968年爆发了世界范围的政治动乱。全世界对美国军队介入越南表示抗议和抵制，而苏联入侵捷克斯洛伐克使"共产主义"陷入意识形态危机，进一步侵蚀了它作为"资本主义"的替代的形象。与此同时，美苏之间日益加剧的核军备竞赛，重振了西方各国的"反核运动"。法国的"五月风暴"使整个国家陷入混乱，使法国共产党在拒绝接管临时政府之后蒙羞。美国、英国、德国、意大利和墨西哥的学生和警察之间的暴力冲突日益增多。在日本，学生与农民一起对在东京郊外建造成田国际机场所需的土地征收进行暴力抵抗。这些历史政治事件预示了资产阶级意识形态的危机，民众对西方意识形态开始动摇、怀疑和否定。因此，对于世界范围内的左翼而言，20世纪60年代是不太平的十年。法国"五月风暴"、"布拉格之春"、古巴导弹危机、英国工党上台执政等一系列重大国际事件发生，使密里本德清醒地认识到，在这种大变革的趋势中自己的政治理论和政治战略应该有重大转变。密里本德的《资本主义社会的国家》正是站在马克思主义的立场对西方权力体系展开深入分析，揭开了资产阶级意识形态的面纱。这本书是密里本德最重要的一本著作。

密里本德出版《资本主义社会的国家》时，他已经是英国新左派的知识分子杰出的代表人物之一。他将国家问题带回到政治学和社会学的视野中，使他产生了国际影响力。19世纪70年代中期，该书被翻译成多国语言。密里本德的思想影响力一度辐射到美国，到了70年代中期，他的名字出现在美国最杰出的政治科学家的名单上。由于这本书，密里本德被认为是英语世界中领先的马克思主义政治学家。与此同时，这本书对国家问题的探讨引起了尼科斯·普兰查斯的批评，此后二人展开了长达七年的争论。1972 年至1977 年，即普兰查斯—密里本德辩论期间，密里本德从伦敦政治经济学院转到了利兹大学任教。辩论结束时，他到波士顿附近的布兰德斯大学任教。

20 世纪 70 年代和 80 年代，新左派提出了一系列的政治问题，促使密里本德开始积极思考。一个突出的问题就是"新社会运动"在西方越来越受欢迎，而传统的劳工运动似乎在衰落。新社会运动提出了一些传统上被社会主义者视为"边缘"问题的重大问题，例如，性别、种族和民族、生态学，同时也挑战了已经建立的左翼组织的等级特征。在这个背景下，密里本德对马克思主义的经典著作进行了分析，梳理了自己对马克思和国家理论的理解。在对马克思、恩格斯、列宁和葛兰西的著作审视之后，他提出"什么是马克思主义政治学"的问题。他试图通过自己对马克思的阅读和理解来回应结构主义和新社会运动的挑战。也正是从这个时候起，他坚定地认为"阶级"是马克思主义政治理论的核心概念。不论是改革还是革命，工人阶级都是唯一使资本主义走向社会主义所能依靠的力量。

除了著书立说，密里本德还积极投身社会主义实践活动。1981年，密里本德创立了社会主义学会，致力于社会主义教育和研究。1982 年，他帮助英国工党左翼领袖托尼·本恩制定并完善工党左翼的社会主义策略。在 1987 年和 1988 年，他还提议召开切斯特菲尔德社会主义大会并参与从中建立起的社会主义运动。这也促使他后来成为左派独立通讯社的领导人。就这一点而言，密里本德一直试图以不同的左翼观点将知识分子、活动家和官员联系在一起，使他们成为一个联盟。

1982 年密里本德出版了《英国资本主义民主制》，主要以英国为例，说明资本主义国家是如何避免阶级冲突的。他认为英国政治体制实质上一种"遏制体系"，目的在于防止人民行使权利，统治阶级的中心任务就是要遏制"来自下层的压力"。这本著作一定程度上是对《资本主义社会的国家》的应用，即将其中阐述的一般性观点应用于英国这个特殊的个例。

20世纪80年代末期，后马克思主义兴起，密里本德意识到阶级政治正在退缩，他试图反驳占主导地位的观点。在对后马克思主义者和后工业社会主义者的回应中，密里本德完成了《分化的社会：当代资本主义中的阶级斗争》。在这本书中，他也借鉴了英国和美国强大的经验证据来支持他的论点，以及他关于阶级至上的论点。他对阶级本身的定义和阶级与国家的关系进行了重要的重新表述，对工人阶级、统治阶级、新社会运动和阶级斗争等问题做了深入的探讨。他承认传统意义上的无产阶级正在加速解构和重构。最突出的特点就是无产阶级在传统产业中的衰落，而在白领、分配产业、服务业、高科技产业中迅速增长，构成"新工人阶级"。就这些工人在生产中的地位而言，"新工人阶级"仍然是工人阶级，与马克思定义的工人阶级在本质上是一样的。密里本德对统治阶级的认知是一个长期的过程。从《资本主义社会的国家》到《分化的社会：当代资本主义中的阶级斗争》，他不断修正这个概念，深刻揭露出当代资本主义社会中的统治阶级的复杂性。关于新社会运动，他认为这是阶级斗争中抗议和压力的重要形式，应该对其在理论层面进行政治分析。密里本德指出，马克思的经济分析无疑是人们理解阶级斗争的关键，由此使民众意识到统治对于维持资产阶级剥削的重要性，但是统治还包括"基于性别、种族或族裔，或基于诸如生态保护或裁军等原因的各种运动的斗争"[1]。同时，随着对统

---

① Ralph Miliband, *Divided Societies*: *Class Struggle in Contemporary Capitalism*, Oxford: Oxford University Press, 1989, p. 7.

治阶级的深入分析，密里本德发现，阶级斗争的"国际维度"对于理解发达资本主义社会的内部政治动态越来越重要。他对国际阶级关系的分析，使我们认识到第三世界解放运动是反对西方权力体系的一个斗争点。密里本德以上这些研究在理论上开启了非经济形式的统治和抵抗的探索。

密里本德一直确信，无论是传统的工党，还是新社会运动，都无法使资本主义社会实现重大变革。为了整合新旧左派，在《怀疑时代的社会主义》一书中，他提出建立一个以有组织的工人和新社会运动联盟为基础的新的社会主义政党，以及对未来社会主义的构想。这本书是在对戈尔巴乔夫改革计划乐观情绪高涨的时候完成的，但出版时苏联东欧已经解体，因此并没有引起普遍的认可和重视。

纵观密里本德的经历和学术生涯，不难发现，他有三个相互关联的品质。首先是他对社会主义的坚信不疑。这种信念从他15岁第一次接触到社会主义时便形成了。那时他已经开始用马克思主义的阶级观点来看待资本主义社会。这一信念一直贯穿他的学术生涯。也正是因为密里本德对传统社会主义一以贯之的坚持，留给人们一种狭隘的或者宗派主义的印象。因为在许多人看来，他和左派的开放性、多样性、流动性格格不入。但这也正是他首要的最为可贵的品质，这个坚定的信念支撑了他毕生的学术研究。其次是独立。这意味着他对现实不断的质疑和开放的理论态度。就其政治理论发展的起源而言，密里本德并不是通过加入共产党和对马克思主义的指导性讨论形成自己的观点，从而得出关于政治的结论。他是通过自己的阅读、对现实的体验以及与他人的辩论，做出了自己的判断。这种从观察和反思中得出结论的做法，正是受到了英国经验主义的熏陶。最后是正直。尽管他拒绝将社会主义作为一套伦理信仰来看待，但他以绝对的忠诚为基础坚持自己关于社会主义的观点。他一生对社会的不公正和压迫始终保持着强烈的反对态度。他反对当时传入英国的西方马克思主义思潮，尤其是结构主义马克思主义的影响。在他的理论实践活动中，一直致力于传播更为传统的社会主义理念。

二　密里本德与英国新左派

英国是马克思的第二故乡，他在那里生活和工作了 30 多年，但是他的思想在英国左派中并未得到广泛的传播，更谈不上得到发展。无论是在理论上还是在实践上，英国都一直追随着苏联的步伐。直到 20 世纪 30 年代，英国才开始真正摆脱苏联马克思主义，进行理论的创新。虽然这种创新同德国的法兰克福学派相比稍显逊色，但是这表明英国已经注重将马克思主义同本国的具体实际相结合，开创独具特色的英国马克思主义理论，并逐渐形成了英国新左派。在迈克尔·肯尼看来，新左派既是一场政治运动，又是一个政治组织，其政治观念对后来英国马克思主义的发展起到了至关重要的作用。作为一种非单一的思想潮流的英国新左派运动，大体上分为三种主要的左派思想："1. 以工人阶级文化和政治，以及其他 19世纪本土激进传统为基础的持不同政见的共产主义；2. 独立的社会主义，它源于牛津—剑桥中产阶级的激进主义与伦敦民粹抗议传统的融合；3. 理论的马克思主义，它受到经典国际主义与欧陆马克思主义思潮的激励。"[1] 如果将其作为一个政治组织，英国新左派的成员主要是由 50 年代末一批英国前共产党员、左翼文化人士以及激进的大学生组成。人们一般习惯于把它划分为两代：第一代和第二代。英国第一代新左派产生于 1956 年世界共产主义危机之后。爱德华·汤普森和雷蒙·威廉斯等代表人物致力于在历史、文学等

---

① Lin Chun, *The British New Left*, Edinburgh University Press, 1993, p. viii.

领域的革新，力图将马克思主义英国本土化，改变英国"理论的贫困"的面貌。1963 年随着佩里·安德森出任《新左派评论》的主编，英国第二代新左派崭露头角。这一代新左派是一批出生于三四十年代的青年学生。他们具有更加广阔的国际视野，渴求理论化程度更高的马克思主义。他们反对第一代新左派的经验主义研究方法，更加推崇欧洲大陆的西方马克思主义理论，尤其是对法国结构主义青睐有加。总之，成长经历和教育背景的差异使第一代和第二代新左派在思考方式、理论宗旨、政治诉求等方面存在明显的区别和分歧。

但有一些人并不同意这种代际划分。如英国政治学家玛德琳·戴维斯认为，这种划分是一种虚假的二元逻辑，使"不属于任何一个阵营的那些个体的贡献没有得到充分考虑"①。在他看来，密里本德就是这样一个被忽略的个体。因为作为一位政治学家，密里本德的关注焦点始终是政治领域中的阶级、国家等问题。加之受到英国本土经验论的影响，他基本采用经验主义的研究方法来分析政治问题。因此，如果就研究内容和研究方法而言，他既不属于第一代新左派也不属于第二代新左派，他似乎是保持中立的。而密里本德确实也在自传中称自己是"独立的马克思主义者"。纽曼认为，一提到英国新左派，人们首先会想到爱德华·汤普森、斯图亚特·霍尔、雷蒙德·威廉姆斯和佩里·安德森，但密里本德也应该被看作是英国新左派的杰出代表人物。纽曼明确指出密里本德和英国新左派确实有密切联系。纵观密里本德的生平及其学术生涯，他和两代英国新左派都有密切的联系，并一定程度上反映了英国新左派的变迁和发展历史。潘尼奇就曾指出，"他与 1956 年后英国新左派的涌现以及随后数十年间马克思主

---

① 张亮编：《英国新左派思想家》，江苏人民出版社 2010 年版，第 7 页。

义学术的繁荣活跃，有着最直接的关系……拉尔夫·密里本德在政治学研究中也发挥了领导作用"①。

　　第一代新左派的主要特征是拒绝苏联共产主义，也拒绝当时主流的社会民主。早在1957年密里本德就在第一代新左派中扮演了重要角色。他将《大学与左派评论》的创始人伊萨克·多伊彻团结在新左派周围，并帮助拉尔夫·塞缪尔在伦敦政治经济学院成立新左派，又通过C.赖特·米尔斯、克拉考夫斯基等人将英国的新左派运动国际化。此外，他又担任了由汤普森和萨维尔创办的《新思想者》的编辑。随后《大学与左派评论》与《新思想者》的合并引起他与汤普森之间的分歧，标志着他与第一代新左派开始产生分歧。两人之间分歧的实质是对社会主义路线的坚持与否。密里本德赞成对社会主义的探索方式可以是多样的，但他质疑这些不同的方式究竟在多大程度上可以实现社会主义。在他看来，资本主义和社会主义有本质的区别。因此，只有工党才能实现社会的根本变革。但汤普森却质疑马克思主义对资本主义和社会主义的分析，他寄希望于左翼组织而不是工人政党。可以说，密里本德和第一代新左派的关系由开始的密切合作到后来的分离，主要分歧就在于是否坚守传统马克思主义的立场和观点。虽然密里本德与第一代新左派密切相关，积极参与了新左派的事务，但是他的立场与第一代新左派有非常明显的区别。密里本德更加坚持马克思主义的传统立场。他坚持认为要以工人阶级为基础，依靠组织和政党才能实现社会主义变革；马克思对资本主义与社会主义区别的分析依然有效。

　　第二代新左派以佩里·安德森为代表。1963年佩里·安德森担任了《新左派评论》的主编。以他为首的第二代新左派追求一种抽象的、理论化的马克思主义。他们认为英国没有发展出具有本土特

---

① Leo Panitch, "Ralph Miliband, Socialist Intellectual, 1924 – 1994", *Social Register*, Vol. 31, 1995, p. 1.

色的马克思主义，希望可以从"西方马克思主义"中寻求借鉴，构建出英国自己的马克思主义。所以同时期的欧陆马克思主义理论家的理论，如法国结构主义和德国法兰克福学派的理论陆续进入英国并产生重要影响。20 世纪 60 年代中期以后，他们主持译介欧陆马克思主义理论，尤其将葛兰西的霸权理论和阿尔都塞的结构主义引进英国本土，扩大了英国政治理论的理论资源。其中阿尔都塞"结构主义的马克思主义"对英国马克思主义影响最大。70 年代，以伯明翰大学当代文化研究中心为主体的文化马克思主义集体转向结构主义。密里本德将两代新左派的理论运用到了阶级和国家问题的分析中。例如在阶级问题上，以佩里·安德森为代表的英国第二代新左派倾向于用结构主义的方法来研究英国历史。安德森批评了英国传统的历史观，反对单一视角的"自下向上看历史"（history from blow），强调"自上而下看历史"（history from above）的重要性，尤其是阶级统治的复杂机制的历史。密里本德虽未公开表示支持结构主义，有时甚至批评结构主义的抽象方法论，但他却不自觉地受到结构主义的影响，这一点在其阶级斗争理论中尤为明显。密里本德的阶级斗争理论融合了两代左派的理论主张。既强调自下而上的阶级斗争，也关注到自上而下的阶级斗争。他不仅从自下而上的角度探讨了发达资本主义国家来自下层的阶级斗争（Class struggle from blow），更重要的是他还从自上而下的角度，对来自上层的阶级斗争（Class struggle from above）做了深入的分析。显然，他在研究过程中吸收了结构主义的方法。在国家问题上，密里本德对国家的分析也离不开与结构主义的相遇。虽然密里本德声称批判结构主义，但实际上他对国家相对自主性的分析是在与普兰查斯的对话中不断完善和发展的。此外，在研究国家的阶级本质时，他多次援引葛兰西的霸权理论。

通过上述分析，我们发现，密里本德和新左派之间的关系是复杂而微妙的。密里本德虽然经常被认为是第一代新左派的成员，但就其政治理论而言，他也和第二代新左派有不可割裂的关系。因此，已有的将其单纯划归为英国第一代新左派的观点有失偏颇。笔者认为不能割裂密里本德与两代新左派之间的联系，但也要关注到他始终与新左派保持一种半分离的状态。简言之，他并不能算作严格意义上的新左派，而毋宁说他是一个独立的马克思主义者。他支持新左派，拒绝苏联共产主义和社会民主，但在某些问题上，他的立场与新左派是矛盾的。一方面，密里本德对工党成为社会主义党的可能性失去信心，但他仍然认为政党是社会主义前进的关键工具。另一方面，他承认必须参加新社会运动，但他仍然坚信工人阶级作为社会主义斗争媒介所起的根本作用。因此，密里本德对阶级和政党的中心性的信仰与其对社会主义政治学的思想和参与是一致的。因此，他拒绝新左派的"反组织化"倾向和阶级政治的衰退。由此，我们看出，密里本德认为社会主义成功的关键在于传统的"旧左派"和"新左派"的整合。需要强调指出的是，虽然有观点上的分歧，但密里本德受到了第一代和第二代新左派的一致尊敬。第一代新左派的爱德华·汤普森认为他的政治分析非常重要，甚至可以影响《大学与左派评论》。第二代新左派的汤姆·奈恩在研究工党理论时寻求从密里本德那里找到理论启发。总之，密里本德政治理论的产生和发展恰逢英国新左派不断分化的时期，其政治理论发展历程一定程度上反映了那个时期英国新左派代际的变化与特点。

三　国内外密里本德研究的现状和本书的研究方向及方法

（一）国内外密里本德研究的现状

从目前掌握的资料来看，虽然国内外学术界关于密里本德已有一些研究成果，但对其政治理论进行系统梳理和分析的著作还不多见，相关成果主要散见于一些期刊和介绍性著作中。许多评述和分析只是针对个别著作如《资本主义社会的国家》或《马克思主义与政治学》，或者只评价他思想的某一个方面，比如其国家理论。并且这些研究和评介分布在历史学、社会学和政治学等不同的学科范围，很难让读者全面系统地把握他的思想。但值得肯定的是，已有的这些研究成果从各自的角度对密里本德的政治理论进行了初步探索，对某些问题进行了较有深度的解读和分析。

1. 国内研究现状

虽然密里本德一生著述颇丰，但这位西方社会中非常重要的左翼政治学家一直没有得到应有的重视和研究，迄今为止还没有一本研究其思想的专著，译著也比较少。而且国内学界对他的研究主要局限在其早期著作《资本主义社会的国家》《马克思主义与政治学》和《英国资本主义民主制》，这些著作固然重要，但其后期著作《阶级权力和国家权力》《分化的社会：当代资本主义中的阶级斗争》和《怀疑时代的社会主义》同样不可忽视。因为这三部著作更为详细、完整地阐发了他的阶级思想和对未来社会主义的构想。同时，即便是对其早期著作的研究，也多局限于狭义的国家理论，对资本主义国家的阶级状况和资本主义国家未来走向的论述的研究还远远不够。总之，国内学术界对密里本德的政治理论缺乏系统、深入的研究。

迄今为止，国内对密里本德及其思想研究大致分为以下几个方面：对其本人和著作的介绍与翻译、对其国家理论的阐释、对他和普兰查斯国家相对自主性理论的比较研究。

首先，对密里本德及其著作的介绍和翻译。目前我国已翻译的密里本德的主要著作有：1984 年由黄子都翻译、商务印书馆出版的《马克思主义与政治学》；1988 年由博铨、向东翻译、商务印书馆出版的《英国资本主义民主制》；1997 年由沈汉、陈祖洲和蔡玲翻译、商务印书馆出版的《资本主义社会的国家》。论文有李世书翻译的《英国的新修正主义》、宋治德翻译的《反霸权的斗争》、殷叙彝翻译的《共产党政权将由什么接替》。总体来看，密里本德前期著作目前已经翻译出版，但其后期的著作和相关论文至今没有翻译出版。

　　从已经掌握的材料看，率先对密里本德进行介绍的是厦门大学政治学系的陈炳辉教授，对密里本德的社会主义策略思想进行了分析和评价。他认为密里本德所主张的在资本主义民主制的基础上，实施改良主义战略，走向社会主义的策略是一种空想，而那种否定在资本主义制度下打碎资产阶级国家机器的必要性，主张改良主义战略，反对无产阶级专政的思想则是对马克思主义国家学说的背离。① 几乎在同一时期，俞可平和吴惕安也对密里本德展开了研究，二人将密里本德看作新马克思主义国家理论的代表人物。他们指出密里本德的国家理论是一种工具主义国家理论。因为以他为代表的一批学者从阶级和国家相互关系角度，对发达资本主义国家性质做了深入考察。即使是国家的自主性日益增大，所谓的自由民主制国家也是阶级的国家。② 《资本主义社会的国家》的译者之一，南京大学的沈汉从历史学的角度介绍密里本德的生平及其思想构成。他将密里本德一生的主要研究课题归纳为英国工党历史研究、资本主义国家研究、资本主义社会的民主制研究和西方社会的阶级结构研究。③

　　其次，对密里本德国家理论的关注。以上对密里本德的研究均只限于著作的翻译和简单的介绍，并未对其核心思想进行研究，所以他本人及其政治理论也并未引起国内学界的重视。进入 21 世纪

---

① 陈炳辉：《米利班德对社会主义道路的探索》，《社会主义研究》1993 年第 5 期。

② 俞可平、吴惕安：《当代西方国家理论评析》，陕西人民出版社 1994 年版。

③ 沈汉：《记杰出的英国马克思主义学者拉尔夫·密里本德》，《史学理论研究》1995 年第 1 期。

以来，一批国内学者逐渐将目光聚焦于密里本德的国家理论，尤其是把他视为"工具主义"国家理论的代表人物来研究。

江红义分析了密里本德国家理论的缘起，他认为密里本德是在对当时西方盛行的多元民主理论的批判和对西方发达国家的经验分析中，得出了一种国家理论也是一种社会理论和在这个社会中分配权力的理论的观点。他指出，密里本德对现代西方社会中国家制度和权力运行的经验研究，以及对多元民主理论的批判，捍卫了马克思主义国家理论。[1] 陶欢英和江红义介绍了密里本德对西方发达国家政治统治合法性的分析。他们指出，根据密里本德对西方发达国家的考察，西方发达国家由于资本主义生产方式本身的力量，以及社会信息系统的广泛支持，在与其他社会意识进行较量中始终居于优势地位，从而维护了资产阶级政治统治的合法性。[2] 此外，张勇博士用史学研究的方法，梳理了密里本德的政治学理论。他较完整地介绍了密里本德的阶级斗争理论，资本主义国家的性质和职能，资本主义的民主与自由关系，资本主义国家的合法化问题等。[3] 张亮从较为宽阔的视野重新审视了密里本德的国家理论。在《拉尔夫·密里本德国家理论的当代重访》中，他主要探究了密里本德国家理论的历史语境，简要概括了其理论来源。在对其国家理论主要内容和局限性分析的基础上，探讨其理论的历史效应。

最后，对密里本德和普兰查斯国家相对自主性理论的比较研究。还有一些学者是通过研究密里本德和尼科斯·普兰查斯的思想异同，来凸显其理论旨趣的。江红义对密里本德的国家自主性理论做了深入的分析，认为密里本德虽然是工具主义国家理论的代表人物，但他并不否认国家的相对自主性，他的国

---

[1] 江红义：《密里本德的国家理论：批判与捍卫》，《理论月刊》2010 年第 10 期。

[2] 陶欢英、江红义：《密里本德对西方发达国家政治统治合法性的分析》，《新东方》2012年第 3 期。

[3] 张勇：《密里本德和他的新左派政治学》，博士学位论文，南京大学，2008 年。

家自主性理论是对马克思和恩格斯以及波朗查斯等人思想的再思考。① 张勇博士以国家自主性为视角，通过比较密里本德、普兰查斯和 C. 奥菲之间国家理论的异同，总结出密里本德国家理论的特点。他认为，密里本德是从阶级出身、个人关系等角度系统论述了资本主义国家政治精英与资产阶级之间的关系，以此阐明资本主义国家的工具性特征。他还指出，密里本德没有教条地阐述自己的工具主义国家观，而是将自己的理论建立在对阶级与国家之间关系细致的分析基础之上。一切国家对于一切阶级（包括统治阶级）都具有一定的自主性和独立性。这种独立性非但没有减少它的阶级性质，反而使国家有可能以适当灵活的方式行使维护阶级统治的任务。② 刘力永从普兰查斯和密里本德的争论入手，揭示了密里本德国家理论的特征。他将密里本德对普兰查斯的批判总结为以下几点：第一，经验研究对于资产阶级意识形态批判的重要性。第二，普兰查斯在分析国家时运用的结构决定论或结构化的超决定论，是不可能考察国家和体制之间的辩证关系的。因为，结构主义和结构化的超决定论是抽象的方法，不能从历史和社会的具体分析中考察国家。第三，由于普兰查斯使用了阿尔都塞特有的语言和表达方式，导致文风晦涩。第四，要想分析国家的相对自主，就要区分阶级权力和国家权力。③

2. 国外研究现状

密里本德作为 20 世纪西方社会一位重要的政治学家，在西方

①　江红义：《国家自主性理论的逻辑——关于马克思、波朗查斯与密里本德比较分析》，知识产权出版社 2011 年版。

②　张勇：《新马克思主义国家自主性理论研究》，博士学位论文，中国人民大学，2010 年。

③　刘力永：《"普兰查斯和密里本德之争"的历史真相及其价值》，《社会科学辑刊》2010 年第 5 期。

学术界，特别是英国和北美学术界都有极为重要的影响力，各社会科学领域的学者都对他有较高的评价。在密里本德去世后，有人曾评价他是"英语世界中最重要的马克思主义政治学家"①。艾伦·M. 伍德则称赞他是六七十年代研究政治学的里程碑式的人物。② 随着国外学界对于密里本德本人及其思想研究的持续升温，有关他的著述不断涌现。

麦克莱伦在《马克思之后的马克思主义》中简单提及了密里本德对普兰查斯国家理论的批判。2002 年迈克尔·纽曼出版著作《拉尔夫·密里本德与新左派政治》，以时间为线索，采用生平传记的方式，较为全面地回顾了密里本德的成长背景和教育情况，展现了他成长为一名马克思主义政治家的历程，梳理了密里本德主要论著的主要思想。③

纽约州立大学教授史丹利·阿若诺威兹和彼得·布拉提斯依托密里本德和普兰查斯的国家理论，介绍了马克思主义国家理论基本观点，评估了当前资本主义社会各种政治现象和理论潮流与国家理论之间的关联程度，并找出国家理论发展的瓶颈。在编者看来，密里本德和普兰查斯的争论是马克思主义政治理论的分水岭，对于后来的国家理论的发展具有建设性的意义。④

保罗·维特利、克莱德·W. 巴罗以及皮特·伯纳姆共同编纂了《资本主义社会的阶级、权力和国家：关于密里本德论文集》。鲍勃·杰索普、约翰·霍夫曼等十多位欧美学者从不同的角度，对

① Robin Blackburn, "Ralph Miliband, 1924 – 1994", *New Left Review*, July-August 1994, p. 15.

② Ellen Meiksins Wood, "Ralph Miliband, 1924 – 1994: The Common Sense of Socialism", *Radical Philosophy*, Vol. 68, Autumn 1994, p. 62.

③ 参见 Michael Newman, *Ralph Miliband and the Politics of the New Left*, London: The Merlin Press, 2002。

④ 参见［美］史丹利·阿若诺威兹、彼得·布拉提斯《逝去的范式：反思国家理论》，李中译，吉林人民出版社 2011 年版。

密里本德思想中的核心议题展开评述。他们认为密里本德是 20 世纪末马克思主义政治理论发展的主要贡献者，其著作对人们理解社会和政治理论中的核心问题有重要的意义，比如国家、民主、阶级分析和社会主义策略。因此，人们有必要对其著作进行认真研究以及批判性的思考和评价。该书作者认为，尽管密里本德对于一些核心问题没有做出回答，但他的著作仍然是理解当代国家、政治理论和实践的重要参考。[①]

虽然密里本德的思想得到了鲍勃·杰索普、列奥·潘尼奇、艾伦·M. 伍德和艾瑞克·欧林·赖特等许多学者的支持和肯定，但在英美学术界也不乏批评的声音。有些学者认为密里本德对国家的研究并没有对马克思主义的国家理论做出实质性的贡献。还有一些学者针对已有的关于密里本德的研究提出了质疑，他们认为密里本德从未自称是工具主义的理论家，所以把他的国家理论认定为工具主义国家理论是一种失真的学术构建，是对密里本德国家理论的过度简化。

（二）本书的研究方向及方法

1. 研究方向

由于学科性质和学科传统，密里本德习惯用经验研究来展现自己的理论思考，因此尽管他发展了系统的政治学思想，却缺乏系统化的理论表达。而综合国内外的研究现状，笔者认为，目前对于密里本德的研究尚缺乏一种整体性的视角，从而影响人们对其政治理论的深度认知，以及对他客观全面的评价。"二战"后英国涌现出几位重要的马克思主义历史学家，在文化研究、女权主义、哲学和经济学等领域都有重要的贡献，但密里本德几乎是当时唯一一个在政治分析领域有独创性的英国左翼学者，没有人比他更关注政治问

[①] 参见 Paul Wetherly, Clyde W. Barrow and Peter Burnham, *Class*, *Power and the State in Capitalist Society*: *Essays on Ralph Miliband*, New York: Palgrave MacMillan, 2008。

题。因此，他在英国新左派发展史中也占有一定的地位，其政治理论有一定的理论价值，但当前国内学界对其重视不够，即便有所研究也只是局限在某几本著作和其国家理论，而对其后期政治理论的研究较少。密里本德后期主要关注阶级问题和资本主义社会未来的走向问题，并出版了相关的研究专著《分化的社会：当代资本主义中的阶级斗争》和《怀疑时代的社会主义》，但由于20世纪末后现代主义的兴起以及社会主义运动遭遇了曲折和困难，密里本德的理论研究被人们认为是一种老套的说教和重复而失去了应有的关注。另外，普兰查斯和密里本德之间关于国家自主性的争论一度成为西方学界的一个热点，但更多的关注给予了普兰查斯，没有突出密里本德的学术地位。鉴于此，有必要对其国家相对自主性理论做一个全面的考察，明确密里本德的历史地位，并做出科学评价以弥补这一缺陷。本书从以下五个方面对拉尔夫·密里本德政治理论展开研究。

第一章首先追溯了密里本德政治理论形成的时代背景、面临的理论挑战以及其政治理论的理论渊源。探讨他对马克思主义阶级观和国家观的思考、对葛兰西霸权理论的汲取，以及他对同时代西方左翼学者阶级观的借鉴，指明其政治理论来源的多元化和对现实焦点问题的把握。

第二章着重探索了密里本德对发达资本主义社会阶级状况的解读，阐述密里本德对发达资本主义社会阶级结构的划分和对阶级斗争的新认识。其阶级理论的特殊之处在于：一是将发达资本主义国家的阶级结构描述为"梨形"的金字塔"阶级图示"。这一理论一方面肯定并坚持了马克思主义的阶级观，另一方面结合了一些西方左翼学者的阶级理论，提出了重新划分阶级的标准，对发达资本主义国家的阶级结构做出新的划分，肯定了工人阶级的社会主体地位。二是提出双向的阶级斗争理论。通过对汤普森等人的阶级理论的反思，以及对发达资本主义国家现实的考察，密里本德指出，以往的阶级斗争理论都只关注"自下而上"的一方，缺乏"自上而下"的研究视角。为此，他从两个角度对阶级斗争的双方做了全面细致的分析，一方面，他对工人运动的地位做了重新肯定，指出它仍然是来自下层的阶级斗争的主要组成部分，并且也赋予新社会运动以重要地位，将其看作是来自下层阶级斗争的必要补充。另一方面，密里本德对上层的权力精英和统治阶级寻求维护社会秩序的方法做了总结。总之，他从一个全新的，不同于马克思主义的视角分析了资本主义新变化下的阶级斗争及其特点。

第三章阐述了密里本德关于发达资本主义国家本质和作用的观点。密里本德的国家理论既有对马克思主义国家理论的继承，有对葛兰西霸权理论的反思，也有与同时代思想家的争鸣，尤其是对 C. 赖特·米尔斯社会学理论的诠释和应用，与普兰查斯关于国家问题的争论，对多元主义国家理论的批判，这些都对其国家理论的形成和发展有重要的影响。密里本德的国家理论和马克思主义关于国家的论述有一定的渊源，但又有所区别。他赞同马克思主义将国家看作是统治阶级的工具的观点，并结合当代资本主义的实际对这一观点做了论证和补充。另外，他也提出马克思主义国家理论中被人忽视的一个方面，即国家的相对自主性。在揭示国家的阶级性和相对自主性特点的基础上，他对发达资本主义国家展开批判。密里本德关于发达资本主义国家的探索深化了我们对"二战"后资本主义国家本质的认识。

第四章论述密里本德政治理论的旨归，即密里本德的新社会主义理论。密里本德通过研究当代资本主义中的阶级和国家，以及论述对苏联社会主义的认识，目的在于引出他对于社会主义的新构想，以及发达资本主义国家现有条件下如何实现社会主义。他主张通过社会改革实现新社会主义。面对资产阶级学者在苏联解体、东欧剧变后针对社会主义的责难和妄言，密里本德进行了逐一的反驳，并提出从上层建筑和经济基础两个方面进行改革，以扩大资本主义国家中的社会主义因素。一方面，推进国家制度改革，将参与式民主和代议制民主的优点结合起来，控制传播领域，推进教育领域的平等；另一方面，发展一种混合经济。

第五章主要对密里本德政治理论进行整体评价。一方面，对密里本德是否是工具主义代表人物做出判断。另一方面，指明密里本德政治理论的积极意义和局限性，从而客观评价他本人及其政治理论。

通过以上研究，本书力图在两个方面实现创新。

一是系统研究拉尔夫·密里本德主要政治理论，即其阶级理论、国家理论和新社会主义理论。一直以来，学界对密里本德的政治理论研究比较零散，他们关注焦点集中在密里本德的国家理论，对他的阶级理论以及新社会主义理论着墨不多。正如迈克尔·纽曼指出的："由于那个时代的社会思潮，密里本德后期的著作没有受到应有的重视。"① 因此，论文创新点之一就是从总体解读密里本德的政治理论。通过分析其政治理论形成的时代背景和理论渊源，力图对其后期的阶级理论和新社会主义理论进行补充性挖掘，并揭示它们与国家理论的内在逻辑联系，力求全面地呈现密里本德的政治理论内涵。

二是挖掘密里本德的政治理论价值。密里本德政治理论是否具有合理性，是否仍然具有解释力，是否有助于我们分析发达资本主义国家的阶级和国家本质，是否对我们有启示意义，这些都需要进一步的分析。已有对密里本德的研究从历史学和政治学等学科展开评析的居多，而本书将以马克思主义为批判框架深入剖析其主要政

---

① Michael Newman, *Ralph Miliband and the Politics of the New Left*, London: The Merlin Press, 2002, p. Introduction.

治理论，对其理论价值进行实事求是的评价。

2. 研究方法

本书在坚持马克思主义指导下，综合运用文献研究法、逻辑与历史相统一的方法和比较研究法分析密里本德的主要政治理论。

一是文献研究法。本书涉及马克思主义经典作家，以及包括葛兰西、尼科斯·普兰查斯、爱德华·汤普森、C. 赖特·米尔斯等在内的不同时期不同研究领域的人物，对于每个人物相关思想的归纳和总结都需要查阅大量的文献，并且进行认真的研读。目前，由于国内对于密里本德的重视不够，现有的已经翻译成中文的资料还比较有限，而其重要的后期著作全部都是英文版本，所以需要进行大量的文献翻译整理工作。此外，密里本德身处英国，深受英国经验主义研究方法的影响，其著作并没有一个明晰的理论结构，大都运用实例说明其理论旨趣。也就是说，密里本德往往从资本主义社会的"可见"现实逐渐深入"隐藏"方面。因此，本书在写作的过程中面临着密里本德留下的实证主义分析材料，需要进一步总结归纳，抽取背后隐含的理论要点。只有在掌握丰富的一手资料的基础上，深入地分析文本，才能归纳总结出他的政治理论结构和思想特点，才能较为全面客观地把握其思想发展脉络，才能较为准确地对其思想做出评价，从而完成本书写作。

二是逻辑与历史相结合的方法。在研究人物思想时，要把对人物思想形成过程的考察与对人物思想内在逻辑的分析有机地结合在一起。拉尔夫·密里本德政治理论的形成是一个长期的历史过程。就其思想中的一些基本概念而言，随着密里本德对资本主义社会现实认识不断深入，他对于一些基本范畴的理解也不断变化，有些概念在发展中被放弃，有些则在理论和现实的互动中做出了修改。就其思想发展的整个过程而言，密里本德早期政治理论重在对马克思主义的反思与重建，并结合英美等国的实际探讨国家的本质，但随着西方马克思主义理论传入英国以及资本主义的不断发展和苏联解体、东欧剧变，密里本德重新反思了先前关于国家本质的理论。他对国家问题的研究不再单纯地采取经验主义方法，而是吸收了结构主义研究方法的合理因素，进而阐发了国家相对自主性理论。到了后期，密里本德则着重探索发达资本主义国家的阶级问题和资本主义未来走向问题。就密里本德政治理论问题的基础而言，阶级分析是其研究发达资本主义国家的出发点，资本主义如何走向社会主义是其学术活动的旨归。因此，阶级问题和新社会主义理论都是其政治理论的重要组成部分，它们与密里本德的国家理论具有内在的逻辑关系。按照历史与逻辑相统一的研究方法，本书首先分析了其政治理论形成、发展的现实背景和理论渊源，然后逐一梳理并评介其阶级理论、国家理论和新社会主义理论。

三是比较研究法。密里本德的政治理论并不是孤立存在的，与密里本德同时代的还有普兰查斯的"新小资产阶级"理论和国家相对自主性理论，在它之后更是掀起了对国家问题的热烈探讨。本书为了更好地认识密里本德的政治理论，并找到统摄其理论铺展的基本逻辑，将追溯他与前人和同时代思想家的理论关系。换言之，将他与马克思主义经典作家，西方马克思主义者以及西方左翼学者的阶级思想和国家思想进行比较，分析他们之间理论上的关系，凸显密里本德政治理论的特质。不仅如此，本书还以马克思主义理论为准绳对其政治理论进行评价，在比较鉴别中确定其理论的历史地位。

第 一 章

密里本德政治理论的缘起

密里本德政治理论的产生和发展有其特定的时代背景和复杂多元的思想渊源。它是在关注发达资本主义国家社会现实变化及其回应由此所带来的理论挑战中形成的。同时，它也是在与马克思、葛兰西以及同时代西方左翼学者的对话中逐渐完善起来的。"其经验证据的丰富性以及对材料来源和概念的兼收并蓄……赋予其著作一种'从流行模式中解放出来'的特点。"① 潘尼奇的这一概括指明了密里本德政治理论在形成和发展过程中既尊重英国文化历来重视的传统和经验主义，又以相对开放的格局吸收了不同时期理论家的精髓。

第一节　对发达资本主义国家变化的关注

19 世纪 70 年代之后，资本主义进入新的历史发展时期，资本主义由自由竞争的状态进入组织化的状态，进而推动了机器大工业的发展和资本的集中与垄断。在资本主义发展的这一过程中，劳动生产率得到极大的提高，科层制管理普及，无产阶级内部开始出现

---

① Leo Panitch, "Ralph Miliband, Socialist Intellectual, 1924 – 1994", *Social Register*, Vol. 31, 1995, p. 13.

分化，逐渐形成了工人贵族阶层。在这种背景下，资本主义的统治日益稳固，无产阶级革命似乎变得越来越远离现实。面对这种情况，正统马克思主义、伯恩施坦的修正主义与列宁从不同的视角解释和分析了这些变化。第二次世界大战之后，相对和平的外部环境促使资本主义进入快速发展时期，同时"丰裕社会"的出现使资产阶级的统治更加牢固，资本主义社会结构出现大调整。具体而言，在密里本德所处的这个时代，有两个突出的变化：一是第二次世界大战后资本主义国家的阶级结构发生了重大变化，"阶级消亡"论也随之而起。二是发达资本主义国家纷纷采取措施不断进行自我调整，从社会民主化到福利国家的推广，再到社会改革，整个资本主义进入了"丰裕社会"，掩盖了阶级矛盾，缓解了阶级间的紧张关系，从而很大程度上减少了阶级斗争。密里本德的政治理论正是在对上述资本主义客观现实变化的关注中产生和发展的。

一　资本主义社会阶级结构的变化

第二次世界大战后，以苏联和美国为首的东西方处于冷战对峙的态势之中，但总体而言和平与发展成为时代的主题。这就为西方发达资本主义国家的发展提供了有利的国际环境。在这个较为和平稳定的时期，它们率先开展的以电子信息科技为主导的新科技革命引发了这些国家的深刻变革。科学技术的发展提高了发达资本主义国家的生产力水平，也使生产力的构成要素发生根本性的变化，进而对这些国家的生产方式和经济结构、产业结构产生深刻影响。与之相对应，这些国家的社会阶级结构也发生显著变化。

就工人阶级而言，尽管在人数上依然占人口的绝大多数，但其呈现出不断分化的趋势。传统蓝领工人减少，白领工人增加。以前劳动力的主要构成部分是体力劳动者，但生产力的提高和劳动对象的变化催生了大量脑力劳动者，工人的科学文化素质不断提高。此外，第三产业工人比重也大幅提高。20世纪50年代后期，社会下层的社会政治身份日益多元化，阶级只是政治身份和行为的多种决定性因素之一，年龄、种族和地理位置变得越来越重要。① 就资本家阶级而言，其构成也趋于复杂化。除了传统的占有生产资料的资本家外，一些人凭借知识和管理技能成功跻身经理阶层，成为资本家阶级中的一员。而中间阶级也呈现出新的特点。中间阶级并没有像马克思预想的那样逐渐减少，而是仍然存在，并不断壮大。

西方学者面对上述阶级结构变化，试图以中产阶级的概念来回避工人阶级的客观存在。他们以收入作为主要划分依据，将工人阶级中的一些高收入者划归到中产阶级队伍中，进而指出工人阶级正趋于消亡，阶级斗争不复存在。甚至一些左翼学者也提出类似的观点。例如，在高兹看来，发达资本主义国家中的工人阶级已经发生蜕变，他们不再对社会主义抱有憧憬。他将工人阶级定义为现代资本主义生产的"机器"。鉴于他们已经不再是马克思所谓的工人阶级，由此做出了"告别工人阶级"的论断。

发达资本主义国家中的现实变化，尤其是社会阶级结构的变化导致西方学界展开阶级与无阶级的广泛讨论，并在英国新左派内部形成了一些争论，成为战后英国左派所经历的危机的核心部分。在这种新的历史现实中，密里本德深入展开对发达资本主义阶级、国家等问题的研究。

二 对战后发达资本主义国家调整和改良的关注

密里本德密切关注第二次世界大战后资本主义的变化和特点。在他看来，资本主义经济的主要活动，以及工业、商业、金融和相

---

① 参见迈克尔·肯尼《第一代英国新左派》，李永新、陈剑译，江苏人民出版社2010年版，第89页。

关的通信行业，处于私人所有和控制之下。这种控制活动的强度达到了难以想象的程度，其主要利益提取的形式不再是单纯地剥削工人阶级，并且"资本主义比以往任何时候都更稳固地内嵌在社会秩序中"①。同时，在发达资本主义国家中，市场关系被称赞为个人和社会交往的最理想的形式，商业化也前所未有地遍及生活的各个领域。更为重要的是，发达资本主义国家采取了一系列措施对自身进行调整和改革。

首先，"社会的民主化"。密里本德认为，虽然"二战"后资本主义国家之间在发展水平和物质福利水平上极为不同，但它们却有一个基本的共同点，即占人口绝大多数的工人和他们的家庭没有试图提出任何重大的要求。在他看来，这种现象出现的原因除了公民社会的重要性日渐突出，能够限制、分化和控制国家权力，以及世界工人运动衰落之外，更重要的在于资产阶级通过各种机制使群众远离政治。"二战"后统治阶级为了维持既有的社会秩序，捍卫自身的既得利益和特权，开始改善工薪阶层的日常生活，试图收买工人阶级。密里本德将这些资本主义做出的努力概括为马克思主义可能没有提及的，发生在发达资本主义国家的"社会的民主化"现象。

其次，福利国家的推广和趋势。1948 年英国建立了第一个现代意义上的福利国家，开启了资本主义与福利国家的结合。这一模式得到迅速模仿，成为资本主义国家共同的政策。到 20 世纪六七十年代，发达资本主义国家经历了一次大变革，整个资本主义经济、政治和社会的范围以及影响持续扩大。一些西方学者将这个时代称作"福利国家资本主义"时代，并进一步指出，越来越多的民众收入由政治规则和权利决定，国家的常规活动也越来越集中在社会安

---

① Ralph Miliband, *Socialism for a Sceptical Age*, London: Polity Press, 1994, p. 9.

全的监管和社会关怀及教育上。在发达的资本主义国家，五分之一到三分之一的家庭收入来源于公共收入，而不是来源于作为私人或公共资本的财产或劳动。所以他们大肆宣扬社会民主范式、福利国家、凯恩斯主义管理的混合经济。但密里本德指出，西方主流学者只是一味宣扬福利国家的优点和繁荣，却掩盖了其背后的实质和趋势。在他看来，西方国家的保守主义和社会民主党派之间关于经济和社会问题的共识侵蚀了战后繁荣时期的经济增长，一定程度上攻击了公共和福利政策的公共支出。虽然西方国家决心降低公共供给的水平，但取得的成效甚微。因此，虽然不能完全摧毁"福利国家"，但事实上它正在被逐渐地侵蚀。此外，西方福利国家兴起的潜在原因之一是要解决阶级冲突和社会主义构成的威胁。由此，密里本德将仍然存在的"福利国家"定义为资本主义一个低劣的、吝啬的事业，它并不能像宣称的那样，可以不论阶级地位和收入水平，根据每一个人的需要提供资助。① 因为国家的这种"福利功能"丝毫不会改变它的阶级本质，它是阶级斗争的内在部分，也是对资本主义的一种修正。

最后，资本主义国家的改革。改革是发达资本主义国家的一个重要特征，改革是这些政权得以长期存在的必不可少的条件。也就是说，资本主义国家改革的目的在于应对阶级冲突。发达资本主义社会事实上的不平等暴露出它对于自己一直宣称的"民主"和"公正"的背离。为了应对来自下层阶级的挑战，缓和矛盾与冲突，资本主义国家作为统治阶级的捍卫者不得不进行了大范围的社会改革。20 世纪 80 年代以来，欧美等西方国家纷纷推行新自由主义政策。随着撒切尔上台执政，英国也开始采取新自由主义经济政策，经济得到一定程度的发展，但同时也出现阶级分化和社会阶层固化

---

① 参见 Ralph Miliband, *Socialism for a Sceptical Age*, London：Polity Press, 1994, p. 8。

等问题。密里本德尖锐地指出:"社会改良一直是资本主义政治内在的组成部分,而支持这种改良的人不仅不关心向社会主义发展的问题,反而把社会改良看成是反对向社会主义发展的重要预防措施。"[①] 因此,资本主义国家这种零散的改革不足以治愈其自身的罪恶,改革只是资本主义制度中的一个特殊部分。它只是对某些特定的无关紧要"问题"的回应,并且一直被资本的逻辑所束缚。他将保守的政府改革看作是通过购买社会和平与让步来防止社会的激进转换。此外,他也提到,资本主义改革大多局限在资本主义经济制度所创造的结构中,即"民主"政治结构对国家行为不可避免的限制。由此,发达资本主义国家的改革必然与它宣布的目标相去甚远。因此,虽然当代资本主义的修补活动一直进行,但他们没有消除资本主义的基本特征,也无法掩盖资本主义的矛盾和弊端。

总之,在密里本德看来,不论是社会的民主化,还是福利国家,抑或是资本主义的改革,它们的目标都是缓和资本主义发展过程中不断扩大的不平等以及由此引起的社会问题。而事实上,资本主义国家的这些措施和手段确实取得了一定的效果。西方学者李普塞特甚至断言,工业革命的基本政治问题已经解决:工人已经取得工业和政治上的公民地位;保守党人已经接受福利国家;左翼民主派已经承认国家权力的全面增长对自由的危害,远比解决经济问题为甚。还有的学者否认世界处于社会主义和资本主义的对立中,并把社会主义和资本主义视为同一类型的工业社会的两种形态。对这些现实问题的关注以及由此引发的对社会主义的挑战促使他进一步研究发达资本主义国家的政治问题。

---

① [英] 拉尔夫·密里本德:《马克思主义与政治学》,黄子都译,商务印书馆1984年版,第165页。

第二节　回应现时代的理论挑战

密里本德政治理论的产生还源于当时面临的理论挑战。一方面，马克思主义政治理论遭受质疑。一些人指责马克思主义缺少一种真正的政治理论，还有一些人认为，即便马克思主义包含政治理论，它也是一种经济主义的、决定论的，甚至是极权主义的理论。另一方面，西方资产阶级学者提出的多元主义国家理论盛行，影响人们对资本主义国家本质的正确认识。不论是对马克思主义政治理论的诘难，还是对西方多元主义国家理论的挑战都促使密里本德决心研究发达资本主义国家的政治问题。

一　西方对马克思主义政治理论的诘难

1956 年赫鲁晓夫在苏共二十大上对斯大林的批判，以及苏联入侵匈牙利引发了世界共产主义危机，仅在英国就约有三分之一的党员退党。一些左翼知识分子开始对马克思主义和社会主义进行深入探讨并提出质疑。在 20 世纪六七十年代，马克思主义政治理论成为关注和讨论的热点之一。有些人认为马克思主义缺乏政治理论，因为他并没有像写作《资本论》那样，形成关于政治理论的系统论述。有些人则指责马克思主义政治理论是一种"经济决定论"。按照马克思主义的解释，资本主义经济制度下的生产力和生产关系之间存在矛盾，生产力的社会化和生产资料私有制的矛盾必然导致资本主义的经济危机，进而引发无产阶级革命。马克思后来的理论家片面地理解这一原理并认为，经济是社会发展过程中唯一起作用的因素，社会的发展是经济发展的必然结果。甚至有学者指出，马克思政治理论的先驱是卢梭，如果从严格的意义上谈论"政治"理论，除了对国家消亡的"经济基础"做出一些分析之外，马克思和列宁对卢梭的理论并没有什么发展。总之，这些观点都在极力否认马克思主义政治理论的重要性和现实意义，认为马克思主义已经不能解释当前的资本主义现实。这些质疑引发了密里本德的深入思考。

在密里本德看来，导致上述情况的原因主要有两个方面：一是马克思和恩格斯以及他们的继承者并没有系统地建立有关政治的理论。他们对于政治的关注往往是在政治实践层面，即便有些理论性的论述，也大都是特定历史事件和环境的产物，并且也只是以片段和札记的形式，作为其他著作的一部分而存在。所以在遇到当代资本主义的实际问题时，它的解释力便有所下降。而仅有的几本关于政治的著作只有马克思的《路易·波拿巴的雾月十八日》和《法兰西内战》，列宁的《怎么办？》和《国家与革命》。二是斯大林主义对马克思主义的歪曲。密里本德认为，斯大林主义在政治问题上具有一贯的专断性和强制性，它对马克思主义政治理论的理解是教条式的。因此，苏联出版的马克思和恩格斯的著作都是经过精心挑选的，有关政治理论和政治分析的敏感书籍是被禁止出版的，甚至出于一定的政治目的而打压对马克思主义政治理论发展做过重要贡献的学者和专家。另外，斯大林主义的"胜利主义"强迫人们承认，社会主义政权的主要政治问题在苏联都已得到解决。如果有人表示异议，那就是对苏联社会主义和无产阶级的不信任，就是苏联和无产阶级的敌人。这种做法使后来的马克思主义者没有进一步研究和发展政治问题。

基于上述分析，密里本德认为，在当前对马克思主义政治理论深入探讨和提出质疑的时期，需要抛弃以往对马克思主义的解释过分简单的、公式化的观点，重建一种"公认的"、得以普遍遵从的、"正统的"马克思主义政治理论。由于国家问题是政治学研究的基本内容，而且"最近20年来，在政治领域和其他需要探讨的领域中，先进资本主义国家受到马克思主义者最大的关注"①。因此，作为政治分析核心的国家理论就成了密里本德的首要研究对象。他在回归马克思主义理论的基础上，整合葛兰西的霸权理论，形成了自己的阶级理论、国家理论和社会主义革命策略理论，对当代资本主义的本质形成全新的认识，实现了对历史唯物主义的深化与发展。

二 西方多元主义国家理论的挑战

第二次世界大战后，西方学术界对国家问题的研究热情高涨，国家理论开始复兴，各种派别的理论家纷纷从不同的角度研究发达资本主义国家。这一时期占据西方政治学主导地位的仍然是各种资产阶级政治学流派，例如结构功能主义、民主精英主义、合作主义、行为主义以及多元主义等国家理论，其中多元主义国家理论最为流行。多元主义原本是一种哲学思潮，强调关于客观世界的知识及其认识方法的多样性，即关于世界的知识是开放的、多变的，解决问题的方法也是多种多样的。基于上述理论，西方主流学者在20世纪初提出了多元主义国家理论，早期代表人物是美国的阿瑟·本特利和密里本德的老师哈罗德·拉斯基②，后期的代表人物包括查尔斯·林德布洛姆、阿尔伯特·赫希曼和罗伯特·达尔。相比传统的国家理论强调主权的一元性，它主张国家的主权是多元的，国家并不是唯一的主权者。政治权力是分散的而不是集中的，是民主的而不是富豪寡头统治的。也就是说，多元主义国家理论强调国家是

---

① ［英］拉尔夫·密里本德：《马克思主义与政治学》，黄子都译，商务印书馆1984年版，第18页。

② 哈罗德·拉斯基（Harold Laski）起初是一个多元主义的倡导者，认为国家不过是众多社团当中的一个，但随着英国工党的倒台，法西斯主义在德国的日渐崛起，他逐渐意识到政治和经济之间的微妙关系，"政治权力是经济权力的侍女"，并开始转向马克思主义的研究。但他并不认为政治是经济的必然产物，也并未陷入经济决定论的陷阱，与之相反，他致力于研究政治的"相对自主性"。

中立的。因为国家处于各种团体、利益和社会阶级影响之下，所以它并不偏向特定的利益或者团体。包括国家在内的社会团体只是在某些特定的领域才有决定权，一旦超出该领域范围，权力就失去了意义。比如国家无权干涉教会事务和工会活动。此外，多元主义国家理论家认为，当代国家的大多数决策是国家和各种利益集团协商的结果，因此，国家具有"中立性"，它是一个没有阶级偏向的仲裁者，起着调解社会冲突的作用。

密里本德指出，多元主义国家理论强调权力的多元性，其目的在于掩盖资产阶级对整个国家的统治，以便维持其合法的统治地位，捍卫其巨大的阶级利益和特权。简言之，就是资产阶级妄图用多元主义国家理论掩盖它的阶级性。因此，密里本德的国家理论首先对多元主义国家理论展开研究和批判。在《资本主义社会的国家》开篇，他就指出，"在考察发达资本主义国家时，对于它的社会、政治和国家的那种多元民主论的观点是完全错误的"[①]。它并不能解释和指导现实，反而会造成人们对现实深刻的困惑。因此，不论西方学者关于国家和权力精英的各种理论如何精巧，要想真正认识国家的性质，就要抛开多元主义国家理论的形式性和虚伪性，以马克思主义理论为指导，用阶级的观点分析国家，回归其阶级本质。

第三节　密里本德政治理论的理论渊源

密里本德政治理论的形成和发展源于马克思主义理论以及与西方左翼学者的对话。在他看来，"马克思提供了对资本主义社会进行社会—经济分析的理论基础，列宁提供了进行政治分析的指导方针，

[①]　[英]拉尔夫·密里本德：《资本主义社会的国家》，沈汉等译，商务印书馆 1997 年版，第 8—9 页。

葛兰西则制造了对资本主义社会进行文化和意识形态分析的理论工具"①。而对于他同时代的另一位政治学家——普兰查斯，密里本德与其展开了长达七年的争论，在这一过程中，他曾盛赞普兰查斯的《政治权力和社会阶级》是一部"按照马克思主义的国家'模式'作出精心的理论研究的著作"②。除了上述学者，他还对卢卡奇、C. 赖特·米尔斯、瑟奇·马勒等学者的理论观点有不同程度的汲取。本书按照他们各自所处的时代概括为以下三个方面。

一　对马克思主义政治理论的再审视

密里本德政治理论的提出建立在阅读马克思主义原著的基础上，尤其是马克思本人的著作。他认为，只有准确解释原著，才能正确地提炼出政治论点，才能进一步重建马克思主义的政治学。"关于马克思主义政治学，这需要对马克思本人和恩格斯的原著给予最优先的注意。这是最重要的出发点，也是马克思主义作为政治学的唯一可能的'基础'。只有在这样做了之后，再拿起列宁、卢森堡、葛兰西和其他人的著作才有用处；也只有这样，才能试图建立起马克思主义政治学。"③ 他在阅读马克思和恩格斯原著的过程中，将《共产党宣言》看作马克思主义政治理论的中心，并围绕这本书的核心观点重新审视了马克思的阶级理论、国家理论和社会主义革命策略理论。

马克思、恩格斯对 1848 年革命失败的反思，使他们更加深入地把握了资本主义社会的内在结构，洞悉了意识形态在资本主义社

---

① Paul Wetherly, Clyde W. Barrow and Peter Burnham, *Class*, *Power and the State in Capitalist Society*: *Essays on Ralph Miliband*, New York: Palgrave MacMillan, 2008, p. 87.

② ［英］拉尔夫·密里本德：《资本主义社会的国家》，沈汉等译，商务印书馆1997年版，第11页。

③ ［英］拉尔夫·密里本德：《马克思主义与政治学》，黄子都译，商务印书馆1984年版，第7页。

会中的地位和作用。无产阶级受资产阶级的意识形态统治的挟制，是革命失败的主要原因之一。资产阶级意识形态同生产方式的依赖关系具有隐蔽性，通常以理想、传统等形式参与到人们的实践活动中。马克思在论述波拿巴政权时，指明了意识形态所扮演的角色："在不同的所有制形式上，在生存的社会条件上，耸立着由各种不同情感、幻想、思想方式和世界观构成的整个上层建筑。整个阶级在它的物质条件和相应的社会关系的基础上创造和构成这一切。通过传统和教育承受了这些情感和观点的个人，会以为这些情感和观点就是他的行为的真实动机和出发点。"① 对资产阶级意识形态分析的结果就是对无产阶级的阶级意识的思考。在不断革命理论中，马克思提出社会主义政党在革命中担负着重要的历史使命，即发动无产阶级、推动社会主义革命。因此在密里本德看来，马克思主义政治理论中最核心的概念就是阶级，它是理解阶级社会及其冲突的关键点。他指出，"马克思的思想从总体上讲分为两个方面。一是社会主义和共产主义的愿景，二是阶级分析。相比较而言，虽然前者从未被其他政治家或思想家超越，但由于它是一个很遥远的关于未来的思考，所以对于它的研究不是那么紧迫。而后者和人们的生活更加密切相关，是一个不可规避的社会现实，是马克思主义政治理论的核心"②。尽管马克思主义面临着西方主流学者的诸多指责，比如经济和阶级化约论、性别盲点、方法论上的缺陷、极权主义的倾向以及乌托邦主义的危险，但密里本德认为马克思主义关于阶级的基本命题仍然是正确的。然而他提出，马克思对阶级斗争的理解过于狭隘。这具体表现在四个方面：其一，对阶级斗争形式的理解过于狭隘。③ 密里本德认为，马克思将榨取剩余劳动看作理解阶级斗

---

① 《马克思恩格斯全集》第 8 卷，人民出版社 1961 年版，第 149 页。

② Ralph Miliband, *Socialism for a Sceptical Age*, London: Polity Press, 1994, pp. 157 – 158.

③ 参见 Ralph Miliband, *Divided Societies: Class Struggle in Contemporary Capitalism*, Oxford: Oxford University Press, 1989, p. 7。

争的关键，但仅仅将关注点放在雇佣者剥削工人太过狭隘。因为在生产的意义上，斗争和剥削的过程并不保持一致。比如，除了剥削，过度的社会福利、公共服务、税收、贸易联合体以及公民权利也是阶级斗争的一部分。

其二，对阶级斗争主体的界定过于狭窄。密里本德认为，就当前资本主义社会现实而言，阶级斗争的主角可以是工人阶级的成员，也可以是生产意义上未被雇佣或是退休的工人，其他不是直接生产者的工人也可以扮演阶级斗争的主要角色。同时，马克思对雇佣者的关注遗漏了阶级斗争中一个主要的角色：国家。[1] 这些议题马克思都没有予以充分的关注和探讨。

其三，忽视了新社会运动对阶级斗争的贡献。[2] 密里本德指出，马克思主义从生产层面对剥削的强调，往往忽视了各种基于性别、种族、生态保护或是裁军等原因的"新社会运动"。虽然它们并不是普遍意义上的"阶级斗争"，但它们是向统治阶级抗议和施压的重要形式，在分析先进的资本主义国家中的冲突时需要考虑在内。

其四，对剥削的关注使人们忽视了统治这个一般现象。[3] 密里本德指出，统治与剥削密切相关，它在马克思那里也占有重要的地位。所以，在马克思主义的语境中，统治和剥削是理解资本主义国家的重要概念。阶级统治意味着阶级创造和维持条件的能力，在那种条件下能够占有剩余劳动。在这种关系中，如果考虑强制榨取剩余劳动，那么资本主义和早期生产模式中之间存在一个明显的界限。他援引了佩里·安德森的观点，资本主义是历史上第一种特殊的生产模式，在那种方式中，榨取剩余价值的手段是纯经济的。也就是说，按照工资合约的规定，资产阶级可以合法地以小时或天为

---

[1] 参见 Ralph Miliband, *Divided Societies*: *Class Struggle in Contemporary Capitalism*, Oxford: Oxford University Press, 1989, p. 7。

[2] 同上。

[3] 同上。

单位对工人阶级采取不平等的剥削，但之前的剥削方式却是通过额外的经济制裁来实施，例如家族的、传统的、宗教的、法律的和政治的措施。

马克思对资本主义的探索始于对国家和市民社会关系的思考。在对黑格尔国家观考察的基础上，他提出"不是国家决定市民社会，而是市民社会决定国家"，成功地将国家问题的探讨置于生产分析之后。马克思、恩格斯对资产阶级社会和国家的关系做出一般性的分析，即国家在资产阶级社会内部是阶级统治的工具。而且即便资本主义国家在不同的历史情境下采取不同的形式，也不会改变镇压无产阶级的阶级本质。基于对资本主义发展的总结分析，在《路易·波拿巴的雾月十八日》中，马克思从国家在文化和意识形态方面所扮演的角色出发，进一步探讨了资本主义社会和国家的关系。他指出，"国家管制、控制、指挥、监视和监护着市民社会——从它那些最重大的生活表现起，直到最微小的生活表现止，从它最一般的生存形式起，直到个人的生活止"①。这意味着，马克思在国家和市民社会的关系问题上，更加系统地、全面地把握了资本主义社会的辩证发展。一方面，资产阶级和无产阶级是资本主义社会的两大对立阶级，是资本主义内在的发展结果。另一方面，国家机器本身具有相对独立性，并且以复杂的形式间接地维护着资产阶级社会以及与之相适应的生产关系。可见，马克思关于国家问题有丰富的论述。但密里本德指出，它们大都分散在不同的著作中，因而其国家理论并不系统。他指出，马克思在 19 世纪 50 年代撰写的一个庞大的著述计划中曾希望包括这一部分的内容，但这个计划只完成了一部分，也就是《资本论》第 I 卷出版。② 至于之后的马克思主义者，只不过是对《共产党宣言》表述的国家理论的重复和

① 《马克思恩格斯全集》第 8 卷，人民出版社 1961 年版，第 162 页。
② 参见 1858 年 2 月 22 日马克思致拉萨尔的信和 1858 年 4 月 2 日马克思致恩格斯的信。

阐述，真正在马克思主义的意义上对国家理论有所贡献的只有葛兰西。马克思主义著作中关于政治的著作已无法全面解释 20 世纪尤其是第二次世界大战后资本主义发展的新情况和新动向。但密里本德对马克思的一些基本观点还是比较赞同的，例如，虽然马克思曾在著作中反复提到了不同类型社会中的国家，但他对于资本主义国家的全部观点可以用《共产党宣言》中的著名公式化的表述："现代的国家政权不过是管理整个资产阶级的共同事务的委员会罢了。"① 也就是说，资本主义社会中，国家具有阶级统治机器的性质，"它本身为它的所有制和对生产资料的控制所限定"②。只不过这些在资本主义发展初期具有强烈的现实意义的观点需要进一步阐释和发展。可以说密里本德的国家理论是对马克思主义国家理论在资本主义垄断阶段的补充和发展。其国家理论的侧重点在于对垄断资本主义时期的国家性质和作用做完整而详尽的研究。

在马克思和恩格斯那里，革命是变革生产方式的最根本的手段，是新社会的助产婆。马克思说过："在许许多多国家里，制度改变方式总是新的要求逐渐产生，旧的东西瓦解等等，但是要建立新的国家制度，总要经过真正的革命。"③ 也就是说，无产阶级只有通过革命才能夺取政治统治。马克思主义虽然认为暴力革命是革命的一般规律，但是不排除通过和平的方式取得政权的可能性。由于各个国家国情的不同，所处的历史时代有所差异，暴力革命的方式不适用于每个国家，因此，马克思主义也论证了和平方式的可能性。工人可能用和平的手段达到自己的目的。但不论是革命手段还是和平手段，两种方式的根本目标是一致的：夺取政权。革命使社会发生急剧的变化，新旧制度的交替看似是瞬间完成的，但这种质

---

① 《马克思恩格斯文集》第 2 卷，人民出版社 2009 年版，第 33 页。

② ［英］拉尔夫·密里本德：《资本主义社会的国家》，沈汉等译，商务印书馆 1997 年版，第 10 页。

③ 《马克思恩格斯全集》第 1 卷，人民出版社 1956 年版，第 315 页。

的改变需要长期的积累和准备。按照马克思的观点，工人阶级为了获得更加有利的革命条件，会通过一系列方式扩大革命力量，通过一些局部的斗争，迫使资产阶级做出一些让步。就这一点而言，改良是革命的副产品。所以在马克思那里，改良应和革命相结合。密里本德认为，他所处的资本主义社会是这样的一个社会：资产阶级为了保持其统治合法性，采用了很多手段使资本主义价值观根深蒂固。因此，即便暴力革命可以在瞬间完成社会变革，工人阶级夺取政权，但这种变革仍然不够彻底，新生政权遭受着来自内外敌对势力的反对。鉴于上述两方面的原因，他提出以社会改革为主要方式的改良斗争。

二　同早期西方马克思主义的相遇

第一次世界大战之后，俄国通过十月革命建立了世界上第一个社会主义国家。中西欧的发达资本主义国家也发动革命试图建立社会主义政权，但这些革命运动却相继失败。卢卡奇、柯尔施等人在总结革命失败原因的过程中反思正统马克思主义并积极探索新的解释框架，形成了西方马克思主义，他们对马克思主义做出的新解读影响到后来的许多学者。早期西方马克思主义者的主要代表人物有卢卡奇、柯尔施和葛兰西。卢卡奇和柯尔施在早期就受到广泛的关注，葛兰西的思想则在 20 世纪 50 年代之后才被世人所熟悉。相较于卢卡奇和柯尔施，葛兰西更强调马克思主义的政治意义，并从意大利的国情出发，提出了一些具有政治学意义的概念，强化了马克思主义的政治学维度。密里本德的政治理论，除了受到马克思主义的直接影响，还直接受到葛兰西的影响。在许多著作中，密里本德一再提及葛兰西，并把他的名字与马克思、恩格斯和列宁的名字并列，奉为马克思主义的经典作家。

葛兰西是意大利共产党的创始人和主要领导人之一，也是西方马克思主义早期的代表人物之一，他的市民社会及意识形态领导权理论是具有影响力的西方革命理论。在阅读葛兰西著作的过程中，密里本德对其提出的霸权理论，以及市民社会和国家的关系问题产生了兴趣，并结合新的历史条件探讨了发达资本主义国家的合法性问题。在马克思那里，市民社会是个经济意义上的概念，指所有物的关系。但葛兰西却是在政治意义上使用市民社会的，他更强调其意识形态和文化的色彩。在他看来，现代国家主要由政治社会和市民社会构成。一般而言，政治社会对应的是国家机器，依靠暴力维持社会秩序；市民社会则和文化机构或社会团体密切相关，负责对民众的精神统治。换言之，维持国家社会秩序的方式有两个方面：一是统治阶级及国家机器的强制；二是被统治阶级的承认和赞同。鉴于西方国家的"市民社会"根深蒂固，暴力革命获取政治权力的方式在这些国家行不通，因此最好首先夺取"市民社会"的领导权，即在社会革命中进行意识形态斗争，争夺文化的话语权。

密里本德从葛兰西主义那里受到的最大启发无疑是"霸权"概念。"霸权"作为一个政治术语最早见于普列汉诺夫、阿克雪里罗德和列宁在19世纪末20世纪初的争论中。在普列汉诺夫和阿克雪里罗德那里，霸权是资产阶级利用无产阶级完成革命任务的一种策略。在列宁那里，霸权的核心内容是以无产阶级所需要的政治意识实现对无产阶级的政治领导，并在"阶级联盟"中实现无产阶级对其他阶级的革命领导权。作为意大利共产党总书记，葛兰西从列宁关于政治领导权的论述中得到了不少启发。而在分析意大利的文化与政治运动史中，批判性地思考马基雅维利和克罗齐的霸权理论后，葛兰西加深了对霸权理论的理解，形成了经济、政治和文化霸权的总体性思考。在葛兰西看来，霸权理论虽然通常被认为是伦理—政治的，但必须强调它的经济意义。换言之，经济构成了霸权理论的基础，因此霸权也是经济的。葛兰西的政治霸权思考源于对政治的理解。在他看来，政治之所以成立是因为统治者和被统治者，领导者和被领导者的客观存在。如何实现更好的统治是政治领域中不可避免的话题。葛兰西对统治方式做了两种区分，一是强制式的，即国家的镇压；二是同意式的，即从政治和文化的层面使人们遵从统治者的霸权逻辑。文化霸权是葛兰西霸权理论的核心。在他看来，市民社会是上层建筑的组成部分之一，也是"私人"组织的总和。行使霸权的主要机构除了国家中的行政机关、军队、法庭等，还有市民社会中的学校、工会、媒体和社团组织等。这三种意义上的霸权都不可或缺，具有内在联系。可见，葛兰西将总体性、国家与市民社会关系等一系列问题统一起来，实现对资本主义社会全面的批判和改造。

密里本德通过借用葛兰西的术语，建立一个"社会主义的共识"，使人们认清阶级斗争的存在与本质，重燃对社会主义的信心和期待。同时对葛兰西关于市民社会和国家之间关系的看法深表赞同。密里本德认为霸权概念有助于分析 20 世纪资产阶级国家权力。葛兰西曾经指出，统治阶级依靠意识形态上对从属阶级取得的优势，在选举中得到群众的合法支持。这是统治阶级在市民社会中建立的一种霸权。密里本德认为，市民社会和国家之间的关系最初体现在经济领域，随着社会结构的变化，二者之间的关系突出反映在政治领域，使政治获得了优先性。但他也指出，当代资本主义发生变化，葛兰西的霸权理论也要随之做出必要的修正。其一，所谓的霸权并非是简单地由经济和社会优势衍生出来的纯粹的上层建筑。相反，它很大程度上要依靠复杂的机制进行持久而普遍的努力才能获取，即通过大量代理人，有意识地创造一个更高等级的团结一致。在此基础上，获得一种全国性的超越政党的持久一致。这一过程的实质就是政治的社会化，它是一个复杂的"灌输"过程。之所以要强调这一点，是因为这个过程时常被发生在这些国家的文化、观念形态和政治竞争所掩盖。其二，在这个政治社会化的过程中，国家具有重要的作用。密里本德认为，在葛兰西那里，掌握意识形态霸权是统治阶级首要的任务和对文化制度控制的必要手段。就这一点而言，霸权似乎是市民社会的产物，和国家处于同一地位，共同维持着镇压和同意之间的平衡。但密里本德指出，国家在政治社会化过程中的作用比以往要重要得多，并且以许多不同的方式干涉意识形态斗争。

通过上述分析可以看出，密里本德对发达资本主义国家职能的考察建立在葛兰西霸权理论的基础上。政治霸权作用于政治社会，表现为暴力统治，文化霸权作用于市民社会，表现为对民众的教化。因此，密里本德从国家的职能和统治方式去分析发达资本主义国家的本质。

三　与同时代西方左翼学者的对话

与密里本德同时代的知识分子基本上是在俄国革命和第二次世界大战的背景下成长起来的，因此在他那个年代，几乎是左翼知识分子占据主导地位。可以说，密里本德的学术成长离不开与同时代的学者的良好互动。他们在不同的时期对密里本德的思想产生了重要的影响。密里本德的学术启蒙者是其导师哈罗德·拉斯基。他是英国工党领导人之一，政治学家，也是英国早期的社会主义者之一，从1926年起任伦敦经济学院政治系教授，直至去世。拉斯基早年是个彻底的多元主义者。20世纪30年代，他完全摒弃了多元主义，开始接受马克思的观点，承认国家是阶级统治的工具。拉斯基反对共产主义，主张在统治阶级允许的范围内同资产阶级合作，进行和平的社会改革，实行经济上的民主，建立平等的福利国家，政治上建设自由、平等的民主社会。他对于密里本德而言既是导师，又如父亲一般。1941年10月，密里本德获得学士学位后就师从拉斯基在伦敦政治经济学院攻读硕士和博士学位。但即便如此，密里本德对于拉斯基的政治观点和立场仍持有批评的态度，他认为拉斯基对工党和议会制度太过投入。但在拉斯基去世后，他的看法有所改变。一方面是由于密里本德自己对苏联和共产主义运动的疏远，他开始将拉斯基看作是一位独立的马克思主义者。另一方面密里本德把他看作是温和的政治派。在拉斯基去世后，密里本德将其主张看作是社会主义的一种形式。因此，密里本德重新检视拉斯基关于社会主义的主要思想。从 1955 年到 1965 年，密里本德详细研究了拉斯基的思想。这对他后来的研究工作具有深远的影响，尤其是关于阶级、国家和民主的问题。

在学术上对密里本德影响最大的是 C. 赖特·米尔斯。米尔斯年长密里本德八岁，当时已经是美国著名的，但也颇具争议的社会学家。《权力精英》的出版以及米尔斯的分析方法深深影响了密里本德。米尔斯强调在解释和理解社会时要将权力置于中心地位。正是米尔斯提供的这种完全不同的方法使密里本德采取了一种更加社会学的方法去研究当代政治的本质。密里本德的《资本主义社会的国家》扉页上写明为了纪念 C. 赖特·米尔斯而作。但在一些具体问题上，两人也存在分歧。例如，密里本德一生坚信工人阶级和社会主义的政党是社会变革的首要力量，但是米尔斯却认为工人阶级已经衰落为"快乐的机器人"，他将希望寄托于知识分子身上。

另外一个和密里本德有密切联系，并对他的工作产生非常重要影响的是约翰·萨维尔。从 1963 年到 1994 年，萨维尔对密里本德产生了重要的影响。萨维尔比密里本德年长八岁，从 1934 年在伦敦经济学院读书时就加入了共产党，具有丰富的组织经验，他的一生大都奉献给了政治和工会。萨维尔曾经是共产主义历史小组的成员之一，同艾瑞克·霍布斯鲍姆、爱德华·汤普森、多萝西·汤普森等一起工作多年。密里本德正是被他的个人经历以及工人运动的历史知识所吸引，才决定和他一起创办《社会主义纪事》。萨维尔不仅在写作上对密里本德给予鼓励，更是对他的《议会社会主义》提出建设性的批判。但在1984年前后，密里本德和萨维尔之间潜在的政治分歧变得明显。萨维尔对密里本德的一些想法一直持怀疑态度。例如，他从一开始就对密里本德提出的社会主义社会持怀疑态度。另外，在社会主义民主问题上，两人也存在分歧。鉴于两人之间的分歧越来越大，密里本德希望有新鲜血液加入《社会主义纪事》。为此，他邀请列奥·潘尼奇出任合作编辑。他以《社会主义纪事》为平台，试图以一个独立的马克思主义者身份引入一个真正意义上的社会主义存在来抵消社会民主和共产主义的支配地位。1990年，萨维尔退出了《社会主义纪事》的合作编辑职位。

　　上述学者无疑对密里本德的学术成长产生了重要影响，但还有另外一些学者也引起了密里本德的关注。第二次世界大战后，科学技术的革新和资本主义社会经济的迅猛发展，促成了资本主义社会阶级结构的深刻变化。面对这些变化，西方左翼学者展开了旷日持久的研究和争论。他们关注的焦点主要在工人阶级的当代演变和"中间阶级"的变化上，由此形成了各具特色的阶级理论。同时，一些学者也提出了自己的国家观。在与瑟奇·马勒、爱德华·汤普森等左翼学者的对话中，密里本德也加紧了对发达资本主义社会中统治阶级、工人阶级以及新"中间阶级"的研究，并形成了自己的阶级观，在和普兰查斯的争论中深化了自己对国家问题的理解。另外，在对同时代一些学者的批判中，密里本德发展了自己的政治理论。在密里本德看来，艾瑞克·霍布斯鲍姆和鲍勃·罗桑，还有拉斐尔·塞缪尔和斯图尔特·霍尔等是英国的新修正主义者。最突出的一点就是他们驳斥阶级政治，他们声称工人阶级在挑战资本主义统治秩序和建立社会主义的任务中不再具有"首要地位"。马克思主义传统意义上的"工人阶级"通过技术发展和新的国际分工而消失；工人阶级的目标是有限的，不能满足所有受压迫者和被剥削群体的需求。工人阶级不是"普遍阶级"，工人阶级自身的解放仅仅意味着工人阶级的解放，而不是所有人的解放。新社会运动至少和工人运动一样对现存的社会秩序提出了巨大的、根本的挑战。

关于工人阶级。随着科技水平的不断提高，以及垄断资本占据经济主导地位，资本对劳动的统治加剧，这突出反映在发达资本主义国家工人阶级发生巨大的变化。从数量上看，工人阶级人数出现了历史性的增长；从质量上看，工人阶级的素质明显提高，脑力劳动者增多；从内部结构上看，工人阶级呈现出多元分化的特点。面对这些变化，西方左翼学者做出了不同的解释。其中对密里本德产生影响的主要代表性观点有瑟奇·马勒的"新工人阶级"论和爱德华·汤普森的文化工人阶级论。密里本德吸收了二人的理论观点，认为当代工人阶级处于不断的"改写"中。

关于新"中间阶级"。在马克思看来，所谓"中间阶级"就是介于资产阶级和无产阶级之间的那个阶级。他依据生产资料的占有关系和受教育的程度，将小工业家、小商人、小食利者、手工业者和农民等划归至中间阶级。因此，马克思把一小部分资产阶级看作中间阶级的组成部分。然而他也指出，这个阶级"摇摆于无产阶级和资产阶级之间，并且作为资产阶级社会的补充部分不断地重新组成"①。所以，马克思后来把资产阶级排除在中间阶级之外，只承认小资产阶级和农民是其主要成员。随着生产力的发展，资本主义社会结构不断变化，"中间阶级"的构成和数量也随之发生很大变化。为区别马克思的"中间阶级"，后来的学者称之为新"中间阶级"。这个阶级以白领阶层为主，还包括专业管理人员和科技工程人员。对于它的阶级归属，西方左翼学者有不同的看法，主要代表性观点

---

① 《马克思恩格斯文集》第2卷，人民出版社2009年版，第56页。

有普兰查斯的小资产阶级论和 C. 赖特·米尔斯的中产阶级论。很明显，密里本德是不同意普兰查斯和米尔斯观点的，他认为新"中间阶级"虽然不是完全意义上的工人阶级，但却是工人阶级的同盟，属于"总体工人"的一部分，可以称之为"新工人阶级"。

关于国家。作为密里本德同时代的政治学家，普兰查斯对国家问题也有浓厚的兴趣。他在国家问题上的主要成就是他对国家自主性的研究。密里本德和普兰查斯就国家研究的方法论、权力精英与统治阶级的关系以及国家的相对自主性与波拿巴主义展开了长达七年的争论，英美学界对这场争论予以了广泛的关注，并将他们之间的争论界定为"工具主义"和"结构主义"之间的论争。正是这场争论，启发了后来许多马克思主义者对国家问题乃至马克思主义政治理论的关注。

从本章的讨论可以看出，密里本德的政治理论具有两个特点，即理论来源的多元化和对时代焦点问题的密切关注。他吸收各种有益的理论成果为自己的理论建构服务，而且他具有强烈的现实关怀，这使他能够站在时代的前沿，对于当时的政治热点问题做出深刻的思考。

第 二 章

对发达资本主义社会阶级的分析

随着撒切尔夫人上台执政，英国的右翼势力日益占据统治地位，传统形式的社会主义受到英国新左派的质疑。尤其是新社会运动提出的被传统社会主义者忽视的边缘问题和诉求，挑战了左翼组织已经建立的话语体系和秩序。某种意义上讲，新社会运动同时扩大和分裂了左翼势力，使左翼和工党之间的联盟陷入困境。社会主义似乎在当代世界的解释力显得不足。许多人开始思考在消费时代到来，社会流动性加剧以及经济发展的变迁之下，社会主义是否能继续存在。与此同时，新左派内部的矛盾和分歧也日益凸显，甚至出现了修正主义的倾向。为了使《社会主义纪事》保持反"新修正主义"的立场，密里本德决定寻求更广泛的理论支持。在这种背景下捍卫、审视并重新扩展马克思主义阶级理论传统成为重要的任务。为了达到这一理论目的，他撰写了《分化的社会：当代资本主义中的阶级斗争》一书。由此，阶级理论成为密里本德政治理论的重要组成部分。《分化的社会》源于他的"马歇尔讲座"，他在1982年春天以《重新审视阶级冲突》为题提交给剑桥大学，并于1989年最终完成。它最根本的目的是证明阶级是客观存在的，可以根据经济关系和权力关系来定义它；阶级冲突仍然是资本主义社会最重要的分化，只有社会主义才能解决压迫和剥削问题。这本书的出版引来左翼的不少批评。萨维尔觉得他的分析已经过时，齐格蒙特·鲍曼认为密里本德关于阶级社会的分析是出色的，但忽视了社会的碎片化、工作重要性的下降和消费主义力量的崛起，希拉里·温赖特对密里本德关于新社会运动的解释存有疑虑。那么，我们应该如何认识并评价密里本德的阶级理论？通过深入阅读《分化的社会：当代资本主义中的阶级斗争》，我们发现，密里本德以马克思主义的阶级分析为研究方法，借鉴同时代学者的阶级理论，研究了发达资本主义社会的阶级结构和阶级斗争。他以一幅"梨形"的金字塔"阶级图示"清晰地展示出发达资本主义社会的阶级构成，并将发达资本主义社会错综复杂的阶级斗争形式划分为两类：一是来自下层的阶级斗争；二是来自上层的阶级斗争。这些见解在一定程度上深化了马克思主义的阶级理论。

第一节　图绘发达资本主义社会的阶级结构

密里本德在《英国资本主义民主制》中提到，他考察国家所"使用的分析方法把遏制阶级冲突和来自下层的压力放在中心的位置"①，而他对资本主义社会结构的研究也是建立在阶级分析基础之上的。密里本德对资本主义社会阶级结构的研究首先来自同马克思主义阶级理论的对话。其次他借鉴了与他同时代的西方左翼学者的理论成果。在此基础上，密里本德提出了划分阶级的新标准，将复杂的阶级构成通过一幅"梨形"的金字塔图示清晰地展示出来。

一　密里本德阶级理论的两个来源

马克思主义的阶级观和相关西方左翼学者的阶级观在不同程度上影响着密里本德对阶级问题的认识和分析，成为其阶级理论的两

---

① ［英］拉尔夫·密里本德：《英国资本主义民主制》，博铨、向东译，商务印书馆1988年版，第19页。

大来源。

（一）密里本德在阶级理论上的理论创新始终是在马克思主义的阶级理论基础上展开的

虽然阶级范畴最早的提出者并非马克思，但他却第一个把阶级作为分析人类社会结构的核心范畴。在马克思和恩格斯的著作中，我们可以发现不少关于阶级、阶级构成和阶级斗争等问题的论述。在他们看来，阶级既是一个经济范畴、政治范畴，也是一个历史范畴。阶级是经济发展的必然产物，它建立在相应的社会形式基础上。"一切阶级斗争都是政治斗争"①，在马克思主义的视域中，阶级只有通过政治形式才能表达自身，由自在转向自觉自为。此外，阶级反映的是一定社会历史时期的物质生产关系，它是人类社会发展到一定阶段的产物。

在明确了阶级的概念之后，马克思和恩格斯以人们在社会生产中的地位，特别是他们对生产资料的占有情况，作为划分阶级的标准，将当时资本主义社会中的阶级划分为相互对立的资产阶级和无产阶级。阶级的划分与经济的发展同时发生变化和演变。随着生产力的不断发展，其他小生产者呈现出不断分化的趋势，最终将并入两大阶级。因此，阶级间的对立日益简单化。在马克思那里，作为两大对立阶级的资产阶级和无产阶级有它们特定的含义。资产阶级，指占有生产资料，使用雇佣劳动的资本家。而马克思所说的无产阶级特指工人阶级，早在《共产党宣言》中就指出："无产阶级是指没有自己的生产资料，因而不得不依靠出卖劳动力来维持生活的现代雇佣工人阶级。"② 后来，他又明确提出"无产者在经济学上只能理解为生产和增值资本的雇佣工人"③。除了两大阶级外，马

---

① 《马克思恩格斯选集》第1卷，人民出版社1995年版，第281页。
② 《马克思恩格斯文集》第2卷，人民出版社2009年版，第31页。
③ 参见《马克思恩格斯文集》第5卷，人民出版社2009年版，第709页。

克思还注意到了资本主义社会中的中间阶级。尽管他对这些阶级成员的称谓时常变化，但总体而言，他赋予这些成员以阶级的意义。

如前所述，阶级首先是个经济概念。在阶级社会，每个人都代表一定的阶级利益而存在并发挥作用。但马克思指出，阶级的形成要经历从自在到自为的过程，并有赖于阶级意识的推动。马克思和恩格斯并没有关于阶级意识的系统论述，它们大都散见于不同时期的著作中。马克思在《路易·波拿巴的雾月十八日》中曾指出，尽管法国小农的生活条件相同，但他们并没有意识到自身作为一个阶级被压迫和剥削的处境。因此，他们不是阶级范畴意义上的阶级。而在《神圣家族》中，马克思和恩格斯指出："只有当私有财产造成作为无产阶级的无产阶级，造成意识到自己在精神上和肉体上贫困的那种贫困，造成意识到自己的非人化从而自己消灭自己的那种非人化时，才能做到这一点。"① 同样在这本著作中，马克思提到："问题不在于某个无产者或者甚至整个无产阶级暂时提出什么样的目标，问题在于无产阶级究竟是什么，无产阶级由于其身为无产阶级而不得不在历史上有什么作为。"② 可见，只有当阶级意识到自己作为阶级的处境和历史使命时，它才能成为一个真正的阶级。

正因为阶级社会中的人们从属于不同的阶级，他们之间的利益差别和利益矛盾才引发了阶级斗争。其表现形式就是政治权力的争夺，尤其是国家权力。"在全部纷繁复杂的政治斗争中，问题的中心仅仅是社会阶级的社会的和政治的统治，即旧的阶级要保持统治，新兴的阶级要争得统治。"③

综上所述，马克思主义阶级理论确立了阶级划分的标准，明确了阶级意识的重要作用。此外，马克思和恩格斯的阶级分析方法提

---

① 《马克思恩格斯文集》第 1 卷，人民出版社 2009 年版，第 261 页。
② 同上书，第 262 页。
③ 《马克思恩格斯文集》第 3 卷，人民出版社 2009 年版，第 458 页。

供了一把透视政治现象，理解其背后的经济利益本质的钥匙，从而摆脱了长期以来就政治而论政治的束缚。

（二）密里本德在阶级理论的构建中受到西方左翼学者阶级观的启发

第二次世界大战后，国际环境相对和平，为经济的发展奠定了良好的环境基础。20世纪70年代以来，信息革命的开展推动了发达资本主义社会的生产力迅速发展，进而引起职业结构、就业结构的变化，推动了当时社会结构的重组。发达资本主义国家生产力的不断发展也推动了资本主义全球化持续扩张，资本主义由国家垄断资本主义开始向国际垄断资本主义迈进。面对工人阶级的变化和中间阶级的兴起以及全球工人阶级的形成，西方左翼学者形成了不同的认识，产生了各种不同的流派和观点。

1. 对工人阶级的新认识

1975年法国存在主义的马克思主义代表人物瑟奇·马勒在《新工人阶级》一书中提出了"新工人阶级论"，认为第二次世界大战后经济的发展和社会的巨大变化，使工人阶级摆脱了绝对贫困。工人阶级内部出现分化和重组，他们的素质和愿望与以前也不尽相同。因此，资本主义社会已经不存在"工人阶级"这种铁板一块的实体，传统马克思主义意义上的工人阶级已经消失。马勒认为，当代的工人阶级不再仅仅是体力劳动者，还包括科学家、工程师、技术人员等在内的"新工人阶级"。他们是工人阶级的先锋队，是当代资本主义的核心。同时期的安德烈·高兹也提出了类似的观点，只不过他称这些人为"新无产阶级"。在高兹看来，科学技术不断发展和生产自动化程度的不断提高引发了资本主义社会结构的变化，由专家、技术工人、教师和科层雇员等人员构成的新的中间阶级逐渐崛起。这些人被他称为"新无产阶级"，并认为他们是工人阶级的"先锋队"。

作为英国文化马克思主义的代表人物，E. P. 汤普森试图从文化的角度揭示工人阶级形成的奥秘、阶级意识和阶级斗争等问题。在《英国工人阶级的形成》中，他以历史唯物主义为指导，把英国工人阶级作为"猴体"解剖，追溯了英国工人阶级形成的历史，揭示了一般意义上的工人阶级从无到有，从自在到自为的发展过程。按照他的理解，在不同的历史阶段，工人阶级形成的机制也是不同的。在当前，他既肯定了马克思主义理论中传统的阶级观，即物质资料的归属对于工人阶级形成的重要意义，又提出文化传统在工人阶级真正成为自为阶级中的重要性。也就是说，他强调非经济因素在阶级形成中的作用，强调阶级是客观因素和主观因素共同作用的结果。在他看来，"阶级是社会与文化的形成"①，即生产方式虽然在阶级形成中起决定性作用，但文化传统的力量不容忽视，它在特定的阶段甚至起决定性作用。在谈到阶级意识问题时，汤普森反对灌输论，认为工人阶级是在阶级斗争过程中"用文化的方式"来处理阶级经验的结果。② 同样，汤普森依然以文化为突破口在阶级斗争分析方法上实现了转向，做出了突出的贡献。一方面，他肯定了经济基础对于分析阶级斗争的决定性作用，但也提出文化传统对阶级斗争具有重要的影响；另一方面，他强调普通人民群众阶级斗争活动是研究的中心地位。

2. 关于新"中间阶级"的讨论

尼科斯·普兰查斯（1936—1979）是法国著名的社会学家，受结构主义代表人物路易斯·阿尔都塞的影响，并依据结构主义的"多元决定论"重新划分了资本主义社会的阶级，提出了"新小资产阶级论"。在阶级划分标准问题上，他有两个论断。首先，他认

---

① ［英］E. P. 汤普森：《英国工人阶级的形成》，钱乘旦等译，译林出版社 2013 年版，第 11 页。

② 参见张亮《阶级、文化与民族传统——爱德华·P. 汤普森的历史唯物主义思想研究》，江苏人民出版社 2008 年版，第 73 页。

为在划分阶级时应首先考虑经济因素，并承认其决定性作用，也指出政治和意识形态因素对阶级划分具有重要作用。其次，非生产性劳动是划分"新小资产阶级"的标准。在普兰查斯看来，通常被称作新"中间阶级"的人，既不属于资产阶级，也不属于无产阶级，而是"新小资产阶级"。在《当代资本主义中的阶级》一书中，他指出，由于"新小资产阶级"的成员依靠工资谋生，所以他们不是资产阶级。但是，他们并不生产剩余价值，也并没有受到资本的剥削，当从政治和意识形态角度来看时，这些人处于统治工人阶级的地位，所以他们不是工人阶级。根据普兰查斯的划分，工人阶级被限定在狭隘的范围内，成为人口中最少的部分。普兰查斯的阶级理论受到当时许多西方学者的推崇。

C. 赖特·米尔斯（1916—1962）是美国著名的社会学家，也是一位具有争议的左翼学者。"二战"以后的 30 年是资本主义经济长足发展的时期，经济的繁荣引发了西方社会学界对西方工人阶级变化和社会结构演变的关注。由于米尔斯激进的批判立场和对社会矛盾与冲突的关注，他同美国社会学界的爱德华·希尔斯、史丹利·阿若诺威兹率先展开了对美国资本主义社会的批判性分析，提出了阶级结构的新变化即白领问题。虽然美国缺乏阶级政治传统，但在社会学界却领衔了西方战后社会结构的研究，尤其是对西方社会中的中产阶级化现象和受教育程度较高的、知识化的劳动力的发展壮大有较深入的研究。米尔斯在研究中拒绝马克思主义的阶级分析方法，坚持把个人和权力结合在一起来考察资本主义社会的阶级结构，以"大众精英"概念替代了传统的统治阶级概念。关于战后美国出现的由工程师、教师、学者和官员等知识分子组成的新中间阶级，他的观点是，决定这些人阶级属性的因素不单纯在于其收入，还在于其权力和利益。在《白领——美国的中产阶级》一书中，他更是将这个新中间阶级概念化为以白领为标志的中产阶级。

总的来说，米尔斯把新中间阶级置于传统工人阶级之上的地位。在知识分子的问题上，米尔斯将这些人称为"知识上的无产阶级"。在密里本德看来，研究资本主义国家不能避开米尔斯关于阶级结构新变化的分析。对米尔斯的主张和社会学的研究方法，密里本德是表示赞同的。尤其是他将权力概念运用到自己的研究中，无论是在分析阶级结构还是国家性质等问题上都给予了高度的重视。

上述学者的阶级观点从总体上反映了资本主义发展新时期社会结构的变化，为进一步研究这一主题提供了可借鉴视角。密里本德坚持马克思主义经典作家关于阶级的基本观点，对上述左翼学者的阶级观也做了不同程度的批判性吸收，重构了阶级划分的新标准，形成了以当代资本主义社会为背景的新的阶级结构理论。

二　重构阶级划分的标准

研究社会阶级结构首先要明确阶级划分标准。因为划分标准不同，对阶级属性的认识不同，会形成不同的阶级结构模型。从20世纪70年代到80年代，出现了许多对社会阶级结构的考察和分析，其根本原因在于阶级划分标准不同。马克思认为，阶级划分的决定性因素是经济活动的方式和由它所决定的社会成员在社会经济结构中所处的地位。财产的多寡，收入的多少，或是职业的种类并不能作为划分标准。职业不能算作阶级，医生、律师、艺术家不能各自构成一个单独的阶级；由社会分工所形成的各种谋生手段和占有状况的范畴也不能构成阶级。密里本德对阶级的划分，一方面借鉴了米尔斯的社会精英理论，指出当前的阶级划分应考虑收入来源、收入水平和权力等级；另一方面遵循了马克思主义的阶级划分标准，认为发达资本主义国家中的阶级仍然主要分为两大对立阶级，即统治阶级和从属阶级。

（一）收入来源和水平

除了按照马克思主义的观点来划分阶级以外，密里本德认为收入来源和收入水平也应作为划分标准。在他看来，人们的收入来源和水平不同决定了他们在工作和社会中所担负的责任和影响也会不同，进而也就决定了人们在社会结构中的位置以及他们的阶级属性有所差异。对此，密里本德做了进一步的分析：商业资产阶级的主要收入来源是利润、利益、租金和投机买卖；而大多数的职业资产阶级（professional bourgeoisie）的主要收入来源是工资。但商业资产阶级也领取薪水，职业资产阶级也拥有股票、股份和其他财产。同样，他们的工资水平决定了他们的收入水平；不论是企业、国家精英还是其他资产阶级，他们行使的权力、影响力和责任的程度大致来说不相上下。

小资产阶级的区别更加明显。商业小资产阶级的收入来源是利润、房租和服务补偿等；而其他人的主要收入来源是私人或公共部分的雇佣。但他们的收入水平都低于资产阶级，而高于工人阶级。因此，小资产阶级成员的个人权力的行使要远远低于资产阶级的成员，但又比工人阶级要高得多。[①]

（二）权力等级

根据马克思主义阶级理论，生产过程中受到的经济剥削和涉及的生产资料归属是划分阶级的唯一标准，由此得出资产阶级和无产阶级对立的结论。但密里本德认为经济剥削只是划分标准之一，权力关系在阶级划分中也至关重要。权力不仅是社会学，也是政治学的重要范畴之一。权力（power）一词来源于拉丁文 potestas 或 potentia，意指"能力"，就是一个人或一件事影响他人或他物的能力。后来人们多在政治意义上使用这个概念。第二次世界大战后，国家对社会经济政治生活干预越来越多，从权力的角度来考察国家问题成为当代西方政治学研究的一个特点。德国社会学家马克斯·

---

① 参见 Ralph Miliband, *Divided Societies: Class Struggle in Contemporary Capitalism*, Oxford: Oxford University Press, 1989, p. 24。

韦伯使权力真正成为一个被广泛运用的概念。他提出，权力就是人在社会活动中遇到其他人抵制的时候，仍然有机会实现他们意愿的能力。这里暗含了暴力和高压手段的意思。在他之后的一批政治学家都接受并继承了韦伯的权力概念。作为现代精英论的代表人物之一，米尔斯在《权力精英》一书中考察了美国社会现实，描绘出一幅金字塔状的美国权力结构地图，并提出美国实质是一个由权力精英支配的国家。而权力精英就是由政治董事、军界领袖和公司富豪共同架构而成的三维政体复合体。密里本德接受并扩展了米尔斯的权力精英概念，并指出，"在国家体系的最高层使用国家权力的人毫无疑问在这一标准上使统治阶级的成员合法化"[①]。他指出，生产过程中的位置和涉及的生产资料并不是划分阶级的唯一标准。就目前而言，出现了更多的划分标准，权力毫无疑问就是这样一种标准。

（三）生产资料的占有状况

在马克思那里，阶级区分取决于人们在社会生产中的地位，其中对生产资料的占有关系是区分阶级的主要标志，也决定了阶级区分的其他特征。密里本德捍卫马克思的这一观点，并首先对发达资本主义国家的经济基础做了详尽的分析。根据他的考察，发达资本主义国家拥有宏大的、复杂的、极为完整的和技术发展水平较高的经济基础，工业生产在国民生产总值中所占比例极大，农业在经济构成中的比例较小。最为关键的一点是，主要经济活动是以私人所有制为基础。此外，资本主义企业的所有权和经营权出现分离的倾向，跨国公司也在这一时期兴起并迅速膨胀。当代资本主义经济这些重要变化决定了社会结构和阶级划分的变化。在密里本德看来，发达资本主义国家中生产关系的主要形式是资本主义雇主和产业工

---

① Ralph Miliband, *Divided Societies: Class Struggle in Contemporary Capitalism*, Oxford: Oxford University Press, 1989, p. 20.

资劳动者之间的关系。资本主义社会的经济和社会生活是由生产方式所形成的生产关系决定的，即由统治阶级和工人阶级之间的关系所决定。这也就决定了这些社会的政治进程主要是由这两种力量的对抗推动。

密里本德还指出，以往的社会阶级划分一旦确立，人们就永久性地被固定在他们的位置，从而导致学者们忽视了对阶级关系形成有巨大影响的社会流动性。但实际上，向上或向下的流动会对人们或是他们的子女看待社会秩序的方法产生重要的影响。即便社会流动性如此重要，很长一段时间内，阶级本身仍然保持稳定。也就是说，资本主义社会的统治阶级和从属阶级在它的构成方面经历了许多变化，但是，一个以经济控制和政治权力为基础的统治阶级，和一个以工薪族和他们要赡养的人为主的从属阶级仍然是整个资本主义社会的两大主要阶级。只不过社会流动性和许多其他因素一起影响了这种阶级划分的清晰度。但密里本德指出，这种流动性是虚假的、有目的的。现存社会秩序特殊的等级制度决定了不可避免地要从次等阶级中挑选一些人员到国家体制的上层，使他们成为持续统治的阶级的一部分。而"来自从属阶级的人士在这个国家中那些取得高级政治官职的人中，从未构成过大多数，大多数人由于社会出身和先前的职业一直属于上等和中等阶级"①。密里本德还指出，尽管人们对这种划分标准的态度不同，但不能否定或忽视这种区别的存在，或是低估它们对于社会生活的重要性。因为在发达资本主义国家关于保守主义、自由主义、民主、平等和正义等问题的讨论中，人们往往会忽视对社会中的阶级结构和阶级分层的讨论。要坚持阶级结构在发达资本主义社会中的现

---

① ［英］拉尔夫·密里本德：《资本主义社会的国家》，沈汉等译，商务印书馆 1997 年版，第 70 页。

实性就要以统治阶级和从属阶级的关系为基础。也就是说，以
统治阶级和从属阶级关系为基础的阶级结构，是讨论关于保守
主义、自由主义、民主、平等、正义等的前提。

三　"梨形"的阶级结构理论

密里本德在理解马克思著名的论断"不是人们的意识决定人们
的存在，相反，是人们的社会存在决定人们的意识"[1] 时认为，
"社会存在"不仅指个人的阶级地位，它还包括性别、人种、种族、
个人历史等诸多因素，"它们共同来自于一个极其复杂的总体，一
种社会的 DNA"[2]。但密里本德也强调，即便其他"社会存在"的
因素对阶级自身有影响，阶级在这个组合中仍然是决定性的因素，
在塑造整个"社会存在"时起着至关重要的作用。因此，对发达资
本主义国家的研究首先要分析社会中的阶级构成。在他看来，资本
主义经历了第二次世界大战的动荡之后进入了平稳发展时期，科学
技术的发展和产业结构的变化使西方社会阶级结构呈现出新的特征。
密里本德用一幅"梨形"的金字塔状的"阶级图示"（如图 2—1 所
示）来说明发达资本主义国家中的阶级构成。这幅"梨形"金字塔
图示的顶部是少数统治阶级，他们又分化为权力精英和上层中产阶
级；中间是规模中等的下层中产阶级；最底层是数量庞大的工人
阶级。

（一）当代西方社会统治阶级出现分化

在西方主流学者鼓吹阶级消亡论的时候，密里本德坚定地维护
马克思主义的阶级理论，指出资本主义社会仍然存在统治阶级。早
在写作《资本主义社会的国家》时，他就指明，资本主义社会的

---

[1]　《马克思恩格斯文集》第 2 卷，人民出版社 2009 年版，第 591 页。

[2]　Ralph Miliband, *Divided Societies: Class Struggle in Contemporary Capitalism*, Oxford: Oxford University Press, 1989, p. 43.

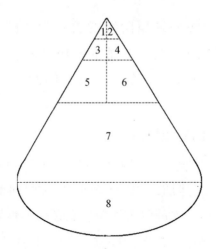

图 2—1 "梨形"的金字塔状"阶级图示"

参见 Ralph Miliband, *Divided Societies: Class Struggle in Contemporary Capitalism*, Oxford: Oxford University Press, 1989, p. 19。

"统治阶级"拥有并控制着生产资料，并凭借给予它的经济权力，把国家作为它统治社会的工具。可见，他仍然遵循马克思的分析方法，将阶级看作一个经济学范畴的概念。而在《分化的社会：当代资本主义中的阶级斗争》一书中，密里本德修正了这一概念。他借用 C. 赖特·米尔斯的术语，将"统治阶级"和"经济精英"结合在单一的"权力精英"① 概念中。根据密里本德的分析，资本主义社会中有四类人可以称作统治阶级（如图 2—1 数字 1、2、3、4 所示部分）。这四类人又具体划分为两部分：一部分被密里本德称作

---

① 美国著名社会学家 C. 赖特·米尔斯的主要研究围绕"二战"后阶级结构的新变化即白领问题展开。在《权力精英》一书中，他明确拒绝马克思主义的阶级分析，以"大众精英"的概念取代了统治阶级的概念。密里本德借用他的术语，将这些人称作权力精英。虽然米尔斯对他影响巨大，但在社会变革依靠的主体问题上，两人还是有所不同，例如工人阶级和社会主义政党在社会变革中所起的作用是首要的，但米尔斯持相反的意见，在他看来，工人运动已经和资本主义的制度结构成为一体。他甚至在《白领》中将工人贬低为"快乐的机器人"，他把更多的希望寄托于年青一代的有文化的工人身上，也就是知识分子。对于米尔斯不承认阶级斗争能够在资本主义社会中的首要性，密里本德从理论基础上予以了反驳，他指出，工人运动确实和资本主义的制度和意识形态结构成为一体，但是，这种分析过于静态，没有看到工人的积极能动作用。

权力精英（如图2—1数字1、2所示部分），另一部分是区别于权力精英的其他的统治阶级（如图2—1数字3、4所示部分）。其中真正占据重要地位的是统治阶级的"先锋"——权力精英①。

在密里本德看来，随着时代的变化，马克思主义对统治阶级的界定显得过于简单，于是他从统治阶级中又详细区分出了"先锋"部分。这个"先锋"位于社会金字塔的上层，是统治阶级的一部分。这些人拥有或控制经济命脉，控制中央国家机器、私人领域和公共部门的通信方式。因此，它是统治阶级的"先锋"。权力精英的成员并不是固定的，而是具有一定的流动性：起初他们主要来自统治阶级，而后通过辞职或退休的方式又返回到原来那个阶级中。从构成上来看，权力精英有三个不同的组成部分：主要的执行者；政治的指挥部——人们操控国家的主要指挥所；军队里的上层。从作用上讲，权力精英成员的作用是做决策，并使之产生一定的影响。因此，他们占据了社会结构中战略指挥的位置。密里本德还特别指出，"没有人……可以真正强大，除非他能控制主要的机构，因为只有控制这些机构，真正的权力才能是强大的"②。

统治阶级中的剩余部分是由除了权力精英之外的商业和职业资产阶级构成的，他们是统治阶级的主要部分。尽管他们不如权力精英的权力大，但也拥有一定的影响力——他们对包括权力精英在内的所有社会成员都有束缚力。这些人主要分为两部分：第一，他们是控制或拥有大量中等规模公司的人（如图2—1数字3所示部分）。那些公司虽然和公司巨头相比显得渺小且分散，但它们数量庞大，是资本主义经济活动的重要组成部分。第二，他们是律师、会计、中级公务员、军事人员和受过高等教育的具有高级职位的

---

① 参见 Ralph Miliband, *Socialism for a Sceptical Age*, London：Polity Press, 1994, p. 16。

② Ralph Miliband, *Divided Societies：Class Struggle in Contemporary Capitalism*, Oxford：Oxford University Press, 1989, p. 20.

人，以及其他专业领域的人（如图2—1数字4所示部分）。这些人
大多服务于股份制公司或是国家。在这里，密里本德强调，虽然统
治阶级中的商业资产阶级或是职业资产阶级不是权力精英的一部
分，但他们实际上代表着今天发达资本主义社会的资产阶级——他
们通常被称作上层中产阶级或是中产阶级。就他们在社会中行使
的大量权力而言，他们对经济、社会、政治、文化和意识形态
都产生了深远的影响。可以说，他们是显著的、有影响力的
"舆论领袖"。就他们的级别而言，他们是权力精英的雇佣者，
并且他们可以通过退休、辞职或是降职等手段使一些人退出权力
精英的队伍。

在密里本德看来，虽然权力精英和统治阶级有所区别，但
二者也有共同之处："权力精英和统治阶级之所以可以从资产
阶级里凸显出来，是由于他们的权力和影响力，而不是观
点。"① 权力精英和其余的占统治地位的资产阶级并没有在任何
经济、社会、政治和文化条件中构成一个统一的、凝聚的阶级，
而是存在大量的分化。然而，分化并不意味着分裂，他们仍然
是团结的。也就是说，大部分统治阶级有决心以国家、利益、
自由和民主，或任何其他名义来维持和加强现有社会秩序。

（二）下层中产阶级是工人阶级潜在的同盟

发达资本主义社会中存在大量的小资产阶级，也被密里本德称
为"下层中产阶级"。金字塔中的数字5和6指的就是这部分人，
他们普遍存在于所有的发达资本主义社会中。数字5代表的小资产
阶级是一群拥有或控制小商业的人。这里的小商业是指规模较小的
工厂、汽车修理厂和提供各种服务的机构等；小资产阶级也包括个
体工匠、技术工人和小商人。总之，就是资本主义企业中各种各样

---

① Ralph Miliband, *Divided Societies: Class Struggle in Contemporary Capitalism*, Oxford: Oxford University Press, 1989, p. 9.

的企业家。在密里本德看来，这些小资产阶级具有巨大的社会和政治重要性，他们对日常社会生活提供的服务是不可忽视的。而小资产阶级的另一个部分（如图2—1数字6所示部分）是由学校教师、社会服务人员、记者、设计师、实验室的技术人员、电脑分析师、公务员和行政系统里级别较低的地方政府官员组成。这些操控着生产、管理、监督、控制和镇压机制的人们，有助于整个社会秩序的日常再生产。关于这一点，密里本德援引了马克思在《资本论》中的论述："在同一资本指挥下共同工作的大量工人也需要工业上的军官（经理）和军士（监工），在劳动过程中以资本的名义进行指挥。监督工作固定为他们的专职。"[①]

在密里本德看来，下层中产阶级既区别于资产阶级，又区别于工人阶级。它的成员在事实上形成了一个真正的"中间"阶级，并在政治生活中扮演重要的角色。这个阶级的出现并没有改变资本主义社会的阶级性质。

维尔纳·桑巴特称这部分劳动者是"准无产阶级"，它和工人阶级一道构成了发达资本主义社会从属阶级的主要部分。密里本德对这一观点表示赞同，在他看来，这部分阶级拥有一定的政治潜能，他们是工人阶级潜在的同盟。对此，密里本德做了详细的分析。虽然下层中产阶级中的商业人员通常被认为是保守的，但在特定的条件下他们的保守倾向也会发生转变。另外一部分下层中产阶级是左翼政党和运动的最有前途的选民。因为他们中的一些人受雇于国家，他们对于资本主义国家在福利和集体服务上的不作为有最切身的体会。还有一些在私营部门工作的人经常遭受不公平的待遇，由此产生不被认同的不良感觉，进而被左翼政党吸引。一方面，许多工人运动的活动家和领导人产生自这一阶级。另一方面，

---

① 《马克思恩格斯文集》第5卷，人民出版社2009年版，第385页。

由于这个阶级在职业体系中找不到一个和他们的能力、教养、技术和期望值相称的工作，所以经常处于失业状态的他们加入了"新社会运动"的队伍，并在其中扮演着积极的角色。此外，他们中的大多数在社会和集体服务行业中工作，他们对于政府的攻击感觉最为强烈。因此，工资、工作条件和雇佣本身培养了他们的好战个性，使他们成为工人阶级潜在的同盟，并且使联合与同盟成为可能。

（三）处于不断"改写"中的工人阶级

在密里本德看来，要准确理解当前资本主义社会中"工人阶级"的定义，就要区分它的不同部分和层次，把握它扮演的角色。他指出，同马克思时代的工人阶级相比，当前社会中的工人阶级仍然是发达资本主义国家人口的绝大部分（如图 2—1 数字 7 所示部分），只不过工人阶级发生了很大的变化，处于不断的"改写"之中。因此，要想对其有一个客观的认识，就要重新以马克思主义的观点来进一步分析。

密里本德主张从主客观两个角度全面地来定义工人阶级。马克思在《哲学的贫困》中曾经明确提出，"经济条件首先把大批的居民变成劳动者。资本的统治为这批人创造了同等的地位和共同的利害关系。因此，这批人对资本来说已经形成一个阶级，但还不是自为的阶级"[①]。密里本德进一步提出，只有在"客观"决定和"主观"决定的共同作用下，工人阶级才能算是一个阶级。他所谓的"客观"就是指生产对于定义工人阶级的意义。而"主观"则和阶级意识有关，"没有觉悟，工人阶级只是一批人；但它有了觉悟之后，它才成为一个阶级"[②]。

---

① 《马克思恩格斯文集》第 1 卷，人民出版社 2009 年版，第 654 页。
② ［英］拉尔夫·密里本德：《马克思主义与政治学》，黄子都译，商务印书馆 1984 年版，第 26 页。

密里本德还提出，"工人"概念已经扩大，即超出了产业和工厂雇佣劳动者的范围。当时资本主义社会中出现了以下一些观点，如：将社会解放的主体力量聚焦于工人阶级身上是一个神话；工人阶级是男性、工业和制造业的阶级，但这些阶级在现今的资本主义社会已经萎缩了；等等。密里本德认为，产生这些观点的重要原因在于人们将工人阶级局限在工业、制造业。这种狭隘的视野使人们忽视了工人阶级仍然是发达资本主义国家人口主要部分的事实。为此，他提出有必要重新定义工人阶级的内涵和外延。

首先，发达资本主义国家的工人阶级范围有所增大。密里本德认为，在发达资本主义社会中，总人口的三分之二到四分之三是工人阶级。因为除了产业工人、办事员、分配工人和服务业等生产意义上的工人之外，工人阶级还包括他们的妻子和伙伴。她们每天处理好家庭事务，工薪族就可以在身体上和心理上更好地继续工作。就这一意义而言，她们对于剩余价值的生产也做出关键性的贡献。此外，这些没有"被雇佣的"女性还以一种特殊的方式延续这个体制，那就是再生产和养育未来的工薪族。

除了工薪族的妻子和伙伴，工人阶级也包括许多其他的人——失业工人、工人子女和其他工薪族要赡养的人，以及生病的和退休的工人。密里本德指出，之所以将他们也纳入工人阶级的范畴，是因为他们也属于工人阶级，而且很大程度上，工人阶级来源于这些人。然而，他们又和大部分工薪族有所区别。他们是由最贫穷的和最受剥削的工人阶级、社会边缘人员、失业者、残疾人等组成。他们很大程度上是完全依靠救助金、亲属和慈善机构帮助的"底层阶级"（under-class）（如图 2—1 数字 8 所示部分）。

因此，在密里本德看来，当代资本主义条件下的阶级的概念已经超出马克思所说的生产过程。马克思曾经区分了"生产性的"和"非生产性的"工人。马克思在《资本论》中注解："只有为资本

家生产剩余价值或者为资本的自行增值服务的工人，才是生产工
人"①，密里本德以"物质生产之外的生产"为例论证了这一观点。
因此，生产性工人和非生产性工人之间的差别不是源于工人的物质
特征（既不源于生产的本质，也不源于工人作为具体劳动的独有特
点），而是源于一定的社会形态，即劳工实现的生产的社会关系。②
在这个基础上，"作家之所以是生产劳动者，并不是因为他生产出
观念，而是因为他使出版他的著作的书商发财。或者说，因为他是
资本家的一个雇佣劳动者"③。密里本德认为，不论"生产性的"
工人和"非生产性的"工人之间的差别有多么重要，它都不能成为
划分工人阶级的标准。一个重要的原因是它在现实中不可能区分生
产剩余价值的工人。而绝大多数左翼试图把工人阶级限定在"生产
性的"工人上的做法也是不科学的，没有被雇佣的工人不属于工人
阶级的观点是不合理的。

由此，密里本德认为，有必要扩大工人阶级的概念。实际上，
发达资本主义国家中的工人阶级是这样一些人——他们主要的、通
常的和独特的收入来源是出卖他们的劳动力。在整个社会群体中，
他们的收入水平较低或是最低。他们在工作中和社会中的个人权利
很大程度上也比较低或者几乎不存在。这些因素综合起来定义了工
人阶级身份。可以说，资本主义国家中的大多数人都属于工人
阶级。

其次，工人阶级之间的地位是不一致的。密里本德认为，工人
阶级并不都处于同等的从属地位。这尤其体现在女性工人和黑人工
人身上，他们既经受着超级剥削，又处于超级从属地位。以女性为
例，她们在家庭中处于从属地位，在工作中被男性工人阶级所

---

① 《马克思恩格斯文集》第5卷，人民出版社2009年版，第582页。
② 参见《马克思恩格斯文集》第8卷，人民出版社2009年版，第219页。
③ 同上。

支配。

最后，工人阶级内部在不断分化。密里本德认为，工人阶级构成了发达资本主义国家中人口的大多数，因而从马克思设定的标准来看，它事实上在成倍地增长。但密里本德也提出，某种意义上，这个阶级一直在衰退，"工人阶级从来就不是一个均化的、团结的、有'阶级意识'的阶级，马克思也不相信它是；他所相信的是工人阶级中存在分化和区别，像预料中的那样，通过资本主义的发展会巨大地减少和削弱共同革命的阶级意识"①。密里本德强调，要区分工人阶级中的两个"中间阶层"。他指出，由于西方社会的经济结构、产业结构和就业结构的变化，工人阶级内部区分出许多不同的阶层。就当前而言，主要的差别存在于产业雇佣劳动者和"白领""服务机构"人员之间。那些从事各种技术的、脑力的、监督和管理任务的工作人员就是"总体工人"中的中间阶层。它区别于马克思曾经提到的所谓资本主义社会的"中间阶层"，即马克思主义者习惯上称之为资本主义社会中的小资产阶级中小商人、店主、手艺人和手工业工人、小农和中农等。

密里本德列举了工人阶级向"中产阶级"转变的例子。20世纪工人阶级条件的改善使大部分工人阶级持这样一个观点，即它过去常常被说成是"我们现在都是工人阶级"，现在更加普遍的口号是："我们现在是中产阶级。"由此，作为"直接的生产者"的产业工人丧失了本该特有的好战的、激进的"阶级意识"。反倒是那些被认为不具有这些素质的其他职业工人显示出高昂的战斗性。例如，教师是小资产阶级的一部分，他们现在比以前更热衷于参加罢工。

---

① Ralph Miliband, *Divided Societies*: *Class Struggle in Contemporary Capitalism*, Oxford: Oxford University Press, 1989, p. 20.

　　密里本德对西方社会阶级结构的分析在今天仍然具有一定的现实解释力，美国纽约州立大学工人阶级生活研究中心主任米歇尔·茨威格对美国社会结构调查之后得出结论，工人阶级占劳动力的绝大多数，约为62%，资本家阶级仅占2%，中间阶级约占劳动力的36%。[①] 无疑，他们关于西方社会阶级结构的分析基本一致。但是，密里本德关于阶级划分的标准有待讨论，因为按照马克思主义的观点，阶级划分是以占有生产资料为标准的。收入来源、收入水平和权力只能作为阶层的划分标准。只有从经济结构和生产关系的角度来定义阶级，才能清醒地认识到，西方社会的新变化并不能改变雇佣劳动者的阶级地位，掩盖两大阶级的对立。

四　强调提升"工人阶级觉悟"的意义

　　在密里本德的阶级理论中，除了对发达资本主义社会的阶级结构做了划分，他还有较为丰富的阶级意识理论。在历史唯物主义基本原理中，阶级和阶级斗争是马克思主义经典作家论述比较充分的学说之一。但他们关注的焦点在于工人阶级及其历史作用，对工人阶级的形成及阶级意识等问题论述不多。虽然马克思在撰写《路易·波拿巴的雾月十八日》时，已经注意区分了阶级问题中的客观因素和主观因素，他以及之后的马克思主义经典作家都没有形成系统的阶级意识理论。卢卡奇超越了无产阶级实际的主观意识，在《历史与阶级意识》一书中，运用物化和总体性的概念构建了自己的阶级意识理论。就这一点而言，卢卡奇在阶级意识问题上对马克思主义阶级理论做出了重要的贡献。在卢卡奇那里，"阶级意识——抽象地、形式地来看——同时也就是一种受阶级制约的对人们自己的社会的，历史的经济地位的无意识"[②]。换言之，一个阶级

---

① 姜辉等：《当代西方工人阶级研究》，中国社会科学出版社2015年版，第26—28页。
② ［匈］卢卡奇：《历史与阶级意识》，杜章智、任立译，商务印书馆1999年版，第108页。

只有在充分认识到自己的阶级利益后才会拥有阶级意识。在众多阶级中，只有无产阶级才能实现主客体的自觉统一，进而也就决定了它改造世界的能力。因此，无产阶级的阶级意识对于无产阶级革命乃至整个人类的命运至关重要。在密里本德那里，阶级意识等同于阶级觉悟，阶级觉悟可以理解为阶级的成员意识到自身的"真正"利益。这同卢卡奇的观点是一致的。因此，在密里本德看来，不论对工人阶级的诟病有多大，他们仍然是实现社会变革的依靠力量。但在当前的社会背景下，工人阶级因缺乏应有的阶级觉悟而没能肩负起这一使命。他认为，阶级意识在阶级斗争中具有重要作用，甚至决定着斗争的形式和结果。然而，发达资本主义国家中的人们之所以参加阶级斗争，并不是因为他们意识到自己的阶级地位和阶级目标。换言之，他们是在没有阶级意识的前提下参加了阶级斗争。在他看来，出现这种状况的原因是工人阶级在获得觉悟的道路上遇到了众多阻碍。

资本家清楚自己的真正利益在于维持和保卫资本主义，在如何更好地保卫这些利益上也有清晰的认识。资产阶级的意识形态把自己的阶级利益说成是全社会成员的共同利益，试图掩盖其利益的阶级性。马克思和恩格斯曾明确地指出，新的统治阶级"为了达到自己的目的不得不把自己的利益说成是社会全体成员的共同利益……赋予自己的思想以普遍性的形式，把它们描绘成唯一合理的、有普遍意义的思想"①。在密里本德看来，马克思和恩格斯对"意识形态"持轻蔑的态度。对他们而言，"意识形态"的目的在于把有限的、阶级范围的思想和利益"普遍化"，并赋予它以"理想"的形式，这是对现实的虚假描绘。同时，马克思和恩格斯也指出，工人阶级是个"全体的"阶级，它们的利益同整个社会的利益是密不可

---

① 《马克思恩格斯文集》第 1 卷，人民出版社 2009 年版，第 552 页。

分的。关于这一论断的依据，马克思和恩格斯并没有进行更细致的研究。而在密里本德看来，答案在于工人阶级不但占人口的大多数，而且是历史上唯一不靠压迫和剥削其他阶级来谋求自身利益和幸福的阶级。那么什么是工人阶级的阶级觉悟？密里本德认为，马克思将无产阶级的阶级觉悟理解为无产阶级的解放和社会的解放，要求推翻资本主义，所以无产阶级的觉悟就是革命觉悟。这种阶级觉悟是个动态的不断发展的过程，它并非是直线发展的，可能前进，也可能倒退。

在密里本德看来，马克思主义者关心的阶级觉悟，并不单纯是无产阶级的阶级觉悟，它还包括资产阶级部分成员的阶级觉悟和"总体工人"中的中间阶层、小资产阶级的阶级倾向。他认为马克思的描述"十分精确地指出了发达资本主义社会的小资产阶级分子所持的一般立场"[1]，即他们不愿同工人阶级联合，却常常同威胁他们经济生存的大资本利益集团结盟，它的成员不会从根本上改变其固有的阶级意识。

至于"总体工人"中的中间阶层（也被称作"新工人阶级"），他们不同于传统的工人阶级。他们从事技术、科学、管理和文化等工作，他们中的一些人未来可能进入更高的社会阶层。即便如此，他们仍然靠工资为生，并处于被统治的地位，所以他们是"总体工人"的一部分，他们同其他工人阶级的有机联系势必会对政治产生很大的影响。

为什么工人阶级应当具有或应当提高革命的阶级觉悟，即认识到他们必须消灭资本主义才能取得自身和社会的解放？在密里本德看来，马克思之所以认为无产阶级注定要成为一个革命的阶级，是因为无产阶级的作用和使命。因为马克思曾明确提出，"问题不在

---

① ［英］拉尔夫·密里本德：《马克思主义与政治学》，黄子都译，商务印书馆1984年版，第42页。

于目前某个无产者或者甚至整个无产阶级把什么看作自己的目的，问题在于究竟什么是无产阶级，无产阶级由于其本身的存在必然在历史上有些什么作为"①。在马克思看来，无产阶级的历史作用是由资本主义的性质以及整个资本主义社会的具体条件所决定的，"它的目标和它的历史使命已经在它自己的生活状况和现代资产阶级社会的整个组织中明显地、无可更改地预示出来了"②。上述观点虽然遭到西方学者的反驳，但密里本德认为，它们仍然具有解释力。因为尽管资本主义在许多方面进行改良，但"它不可能做到没有剥削、没有压迫和不使人兽性化；它不能创造真正人的环境"③。因此，要想真正改变资本主义这种充满剥削和压迫的环境，就要增强工人阶级的阶级意识。

第二节　对发达资本主义社会阶级斗争的重释

马克思和恩格斯指出，人类历史其实就是一部阶级斗争史。密里本德赞同他们的观点，并认为发达资本主义国家目前仍然存在阶级斗争。鉴于阶级斗争是研究资本主义国家的前提，只有厘清资本主义国家中复杂的阶级结构，才可能更加准确地把握资本主义国家的本质。他通过分析发达资本主义国家中的阶级结构，揭示了西方社会中阶级斗争的中心地位及其持续的影响力。他首先明确了发达资本主义国家阶级斗争的参加者，进而考察了阶级斗争的形式。一方面，他分析了工人运动和新社会运动，指明二者都是来自下层的阶级斗争；另一方面，他在探索权力精英和统治阶级如何维护资本

---

① 《马克思恩格斯文集》第 1 卷，人民出版社 2009 年版，第 262 页。
② 同上。
③ ［英］拉尔夫·密里本德：《马克思主义与政治学》，黄子都译，商务印书馆 1984 年版，第 44 页。

主义社会秩序的基础上，揭示了资本主义国家在来自上层阶级斗争中的重要作用。此外，他通过分析这种双向性质的阶级斗争，佐证了资本主义国家的阶级本质。

一　发达资本主义国家阶级斗争的参与者

资本主义社会中存在各阶级的不平等，这是导致社会冲突和斗争的重要根源。这是因为各阶级的经济利益是根本对立的，因此，各对立阶级间的冲突和斗争是不可避免的。恩格斯说："阶级之间的战争的进行，并不取决于是否采取真正的军事行动，它并不是永远都需要用街垒和刺刀来进行的；只要有利益相互对立、相互冲突和社会地位不同的阶级存在，阶级之间的战争就不会消灭。"[1] 不同于奴隶社会和封建社会，资本主义早期由于阶级对立的简单化，阶级斗争双方日益明确，在这样的条件下，阶级斗争主要表现为对政治权力的斗争。与马克思和恩格斯的时代不同，密里本德所处的资本主义社会已经发生了巨大的变化，人们对阶级的看法也已经发生一定的改变。许多人对于阶级一词讳莫如深，更不用说阶级斗争这样的激烈字眼了。但密里本德指出，即便如此，也要敢于明确地讨论阶级斗争。阶级的客观存在决定了阶级斗争始终不断。因为他注意到工人阶级领导者在参加阶级斗争时不会提有关于"阶级斗争"的任何概念，即使他们很清楚他们参加了一些类似的斗争。[2] 也就是说，涉及其中的人们并没有把他们的行为与阶级联系在一起，并没有真正意识到他们的阶级利益，或是准确地定义他们的敌人。如果按照以往对于阶级斗争的定义，那么阶级斗争几乎被驱逐出历史。因此，以阶级的措辞参加阶级活动，并且在对他们自身的利益

---

① 《马克思恩格斯全集》第 11 卷，人民出版社 1995 年版，第 264 页。

② 参见 Ralph Miliband, *Divided Societies*: *Class Struggle in Contemporary Capitalism*, Oxford: Oxford University Press, 1989, p. 6。

和敌人有准确认识的基础上采取果断的行动，在当今资本主义社会是极其罕见的。鉴于此，密里本德认为要重建一个范围更加广阔的阶级斗争的概念，而扩大阶级斗争概念的第一步就是要明确阶级斗争的参加者。

（一）指明阶级斗争主要双方的变化

密里本德指出，马克思主义阶级分析的坚实基础是历史和当前的现实。从马克思主义的论述中不难发现，阶级斗争的主角一方是生产者资料的所有者，另一方是生产者，且双方经常处于不可避免的冲突中。尽管马克思和恩格斯指出阶级斗争中还有许多其他的参与者，但他们主要关注的还是雇佣者和工人。密里本德认为，阶级斗争仍然是当今资本主义国家无法掩盖的事实，阶级仍然不断地塑造着这些国家的"社会存在"。"从生产的意义上讲，阶级斗争并不会一直持续。但无论如何，对抗就在那里，阻碍着双方积极的和解：像这样已经达到的表面的合作其实是不稳定的，它经常会瓦解成为对抗和冲突。"①

密里本德进一步指出，随着资本主义的发展，两大阶级也发生了重要变化。

一方面是雇佣者阶层发生变化，资本以及资本主义企业的所有者和控制者出现分离。长期以来，雇佣者阶层不仅包括拥有公司的人，还包括控制公司的人，且后者并不拥有由相对较小股票和份额组成的资本。从表面上看，大型私有公司和国有公司的管理者榨取了工人的剩余劳动，但他们实际上并不拥有公司的所有权。如何看待这个新生的经理阶层对于理解阶级斗争至关重要。密里本德认为，通常资本家阶级是资本主义社会阶级斗争主要的参加者。之所以称他们为资本家阶级，是因为这个阶级通常占有并掌握生产资料

① 参见 Ralph Miliband, *Divided Societies: Class Struggle in Contemporary Capitalism*, Oxford: Oxford University Press, 1989, p. 5。

和经济活动手段，他们是资本主义企业中巨大的"利益集团"。当前，"资本家阶级"的范围有所扩大。除了原来意义上的资产阶级，它还包括大批代表这些"利益集团"而从事某种具体职业和其他职务的人。例如，所有权与管理权分离产生的经理阶层。早在资本主义发展早期，马克思就注意到资本家的实际功能转变为纯粹管理其他人的资本的经理，一个资本的所有者转变为一个纯粹的金融资本家。随着资本主义进入垄断阶段，这种所有权和控制权的分离在很多企业中已经成为一个最重要的特点。因此，密里本德判定，经理阶层同资本家阶级一起构成了当前资本主义社会的"统治阶级"。为此，他还做了详尽的分析：经理阶层的出现是发达资本主义的一个重要的和利益明显的特征，表面上，经理们的动机与旧式资产阶级不同，表现出更少的"自私"，更富社会"责任感"，更加关心"公共利益"，但实际上，所有权与管理权的分离并没有对资本主义企业产生实质性的影响。不论经理阶层是否拥有企业，他们和资本家一样最关心的是企业最大限度的长期利润和资本积累。经理们同企业主实际上没有区别。此外，职业经理人看似具有流动性和开放性，实际上他们始终是社会的精英，某种程度上具有"世袭性"。绝大部分大公司的经理来自中产阶级上层或上层阶级家庭，他们的父辈大都从事实业。总之，不论资本家阶级成员是否拥有企业，他都处于经济阶梯上层，并且控制着资本主义企业的活动。

国家也在阶级斗争中扮演了重要角色。资金和劳动的对抗已经转变为国家和资本与劳动之间的对抗，由此产生大量关于国家和资本，国家和劳动的关系。国家在管理阶级斗争和维持社会秩序方面具有独特和显著的作用。

另一方面是工人阶级的变化。密里本德认为工人阶级的变化最突出地体现在他们丧失了革命的意识。从资本主义社会的现实来看，工人阶级的生产条件同过去相比得到了很大的改善。生产工人的斗争是阶级斗争的主要部分，但发达资本主义社会中的工人阶级并没有发起马克思和恩格斯所设想的那种革命，甚至没有发起这种革命的意图。工人阶级实际上是在"历史强迫"下参与阶级斗争。因此，密里本德提出，工人阶级不会必然产生马克思所设想的那种革命意识。也就是说，他们不会推翻现有的体制，用一个新的体制来代替它。密里本德认为，当前和统治阶级形成对立的阶级不能简单地称为无产阶级。从构成上讲，它还包括其他阶级。密里本德将他们统称为从属阶级，并将其划分为两个不同的群体：一是占资本主义国家人口绝大多数的工薪阶层；二是地位较低的中产阶级（或称之为小资产阶级），它本身又划分为小企业和技工阶层的个体户和半职业性的（semi-professional）监督阶层，包括学校教师、社会工作者、公务员和低水平管理结构中的地方政府官员，以及其他许多不同职业的人。[①] 这些人拥有一定程度的但又相当小的权力和责任，对于确保社会秩序的再生产具有积极的作用。但不论阶级斗争双方有多大的变化，密里本德仍然遵循马克思所做的基本判断，即发达资本主义国家中的阶级斗争依然是两大对立阶级的斗争。

（二）强调工人阶级在阶级斗争中的重要作用

密里本德认为，工会和政党是工人阶级在发动阶级斗争时最具代表性的代理人。它们一直以来在工人阶级的历史和政治上扮演重要的角色。然而，目前更需要强调工人阶级本身在阶级斗争中的重要作用。

在密里本德看来，马克思主义经典作家极其强调工人阶级本身在革命中的作用。他援引马克思的观点："工人阶级的解放应该由工人阶级自己去争取"[②]，并提出，不论是马克思还是恩格斯，都反

---

① 参见 Ralph Miliband, *Divided Societies*：*Class Struggle in Contemporary Capitalism*, Oxford：Oxford University Press, 1989, p. 22。

② 《马克思恩格斯文集》第3卷，人民出版社2009年版，第226页。

对成立工人阶级政党。虽然在马克思逝世后，恩格斯和德国社会民主党以及欧洲和北美的社会主义政党领导人间有密切的关系，但他们始终关注的是工人阶级本身。对他们而言，工人阶级是革命斗争真正的"主体"。在关于阶级和政党之间关系的问题上，他们认为阶级是最重要的，政党只是辅助性的组织。密里本德还提出，马克思所处的时代使他"不可能真正认识到政党获得资本主义民主统治下的阶级斗争管理权的重要性"①。恩格斯在马克思逝世后目睹了许多国家中的社会主义和劳动政党的迅速发展，并对这些政党在劳工政治中所注定占有的地位有更加直观的感受，但他没有完全认识到它们应有的影响。

针对一些西方学者提出的"机器取代工人"的观点，密里本德予以了坚决的反驳。在他看来，劳动力是一种特殊的商品。其使用价值的实现一方面归因于工人本身，另一方面归因于资产阶级的诱导。也就是说，工人阶级在出卖劳动力的过程中并不是心甘情愿的，有时候他们会反抗资产阶级的压迫和剥削。这就是为什么资本主义一直妄图用机器取代工人在生产中的地位（另一个是公司之间的竞争）。因为资产阶级认为，工人需要被哄骗、劝说、恐吓和强制才能更好地工作，而机器是一种"死劳动"且只需要维护保养，二者有本质上的区别。即便人类劳动有诸多要求，但它也是不可或缺的。事实上，发达资本主义下巨大的"劳资关系"企业在不断地增长，而这些企业也不断地从雇佣劳动者的"积极"态度中培养忠诚、集体的合作精神。

即便统治阶级处心积虑地想要掩盖和工人阶级之间的对立，二者的冲突仍然客观地存在，并且这种冲突并没有限制在"直接生产者"和他们的雇佣者之中。它还表现在所有雇佣劳动者和他们的雇

---

① Ralph Miliband, *Divided Societies: Class Struggle in Contemporary Capitalism*, Oxford: Oxford University Press, 1989, p. 15.

佣者直接的关系中，不论他们是工业者、白领、服务人员还是分配工人。两大阶级之间的冲突以一种集体主义的体系统治着生产关系，那里的生产资料是处于公有制之下的，但工人在工作过程之中或之外都被有效地剥削。因此，发达资本主义社会的"主要矛盾"以及这些社会冲突的基本根源仍然是劳动和资本的对抗。基于上述分析，密里本德认为，发达资本主义国家中的工人要团结起来进行反抗，因为工人只有斗争，才能减少雇佣者对他们的压迫和剥削。

此外，工人阶级斗争的形式也开始多样化。在密里本德看来，阶级斗争的形式繁多，其程度和范围也不尽相同。首先是着眼于眼前的、具体的和经济领域的罢工。其次是发生在"文化"领域的阶级斗争。这种斗争具有长期性的特点。因为在传播不同的对立的思想、价值观念和观点方面，存在长期的斗争。最后就是政治领域。各种政治安排在相互对立的阶级看来都存有争议。密里本德强调，尽管阶级斗争大致分为这三种不同的类型，但在实际生活中，阶级斗争充满复杂性，它不能被单一地还原为任何一种，它是"经济的、文化的（或思想的）、社会的和政治的现象"①。

二　"来自下层的阶级斗争"

随着经济的发展和相应的生产关系的变化，阶级斗争会呈现出不同的形式。此外，政治状况也会对其形式和内容产生一定的影响，因为斗争通常是在政治领域内进行的。密里本德将发达资本主义社会中形式复杂的阶级斗争划分为来自下层的阶级斗争和来自上层的阶级斗争。来自下层的阶级斗争就是从属阶级发起的反对统治阶级的斗争。它包括两部分：一是传统意义上的工人阶级发起的工人运动。二是新社会运动。在他看来，前者是来自下层的阶级斗争

① ［英］拉尔夫·密里本德：《马克思主义与政治学》，黄子都译，商务印书馆1984年版，第32页。

的主要组成部分，后者是前者的补充。正是这种来自下层的阶级斗争施加给上层阶级一定的压力，才迫使他们不断进行社会改革。同时，这也解释了为什么资本主义国家国民生产总值的一大部分花费在国家的公共服务和福利项目上，因为"那里的工会组织非常强大，或者来自下层的其他压力是强烈的"①。

（一）工人运动是来"来自下层的阶级斗争"的主要组成部分

密里本德认为来自下层的阶级斗争主要是指工人运动，但在当前的社会背景下，它和马克思主义意义上的工人运动相比已经发生了很大变化。尤其是当今资本主义社会中工人运动的参加者以及涉及的公共机构种类更加繁多：工会和一般意义上有组织的工人；工人政党和社会主义政党；工会、政党、团体和左派中一部分积极分子；支持工人运动的报纸、期刊；工会和政党的领导；知识分子和记者，以及捍卫宣传工人运动想法和观点的作家和艺术家；参与竞选的选举人。密里本德进一步指出，过去100年中，工人阶级在发达资本主义国家取得的主要成就就是开展工人运动，其施加的压力促使公民和民主权力扩大。虽然有时候资产阶级、小资产阶级和工人运动结成的联盟也会扩大公民和民主权力，但对社会和政治进步起决定性作用的仍然是工人运动施加的压力。

密里本德同时指出，工人运动的成员不只来源于工人阶级。在历史上，大部分工人阶级支持资产阶级和保守党而不是左翼，这一点在美国表现得尤为突出。因此，工人阶级成员对左翼政党的支持很大程度上局限于选举，只有少数积极分子是来自下层的阶级斗争中的中坚力量。

根据密里本德的考察，之所以出现上述现象，是因为资本主义社会的剧烈变化引起了工人阶级的分化，进而对他们的历史和阶级

---

① Ralph Miliband, *Divided Societies: Class Struggle in Contemporary Capitalism*, Oxford: Oxford University Press, 1989, p. 72.

斗争的历史产生了深刻的影响。这种分化集中体现在社会民主党和共产党之间的分裂。关于分裂的原因，密里本德认为有两个方面：其一，他们对待议会民主的态度不同。相比于社会民主党，共产党对列宁的观点更能保持高度忠诚。他们认为资本主义民主是一种虚假的诡计，反对所谓的议会民主。其二，共产党是持久稳固的改革支持者，而且比在工会和政党中更受欢迎的"中间的"社会民主党领导更加激进。① 所以，共产党和其他社会主义者之间必然出现分裂，第一个是左翼的分裂，即社会改革者和所谓的"经典改良主义"的提倡者之间的分裂。第二个是"经典改良主义者"和各种马克思主义—列宁主义的团体和派别之间的分裂，后者中的许多人是托洛茨基主义者，并宣称自己是马克思列宁主义的合法继承人。

密里本德指出，上述工人阶级之间的分裂导致许多西方学者认为工人阶级已经丧失其总体性，工人阶级也不再具有发动革命的"优先性"。其理由是工人阶级拒绝扮演马克思赋予他们的革命角色。工人运动的目的只是局限在经济的、地方的、社团的利益，并且宣称代表工人阶级的工会和党团不能真正履行其承诺，不能完全满足被压迫者和被剥削者的需要和渴望。一些西方主流学者据此认为，在晚期资本主义的背景下，科技发展同新的国际劳动分工相结合，意味着马克思主义意义上的"工人阶级"在发达资本主义国家日渐消失，基于民族、种族、性别、生态、经济关系和和平斗争的"新社会运动"对现存的社会秩序和工人阶级形成巨大的挑战。由此，人们应该用一个基于利益、关系和"话语"的多样性主题来置换工人阶级。这种观点在密里本德看来是极为错误的。他认为，发达资本主义国家中的工人阶级并没有消失，只是重新组合了。而处于生产过程从属地位的工薪阶层成员大幅增加，其数量之大决定了

---

① 参见 Ralph Miliband, *Divided Societies*: *Class Struggle in Contemporary Capitalism*, Oxford: Oxford University Press, 1989, pp. 57 – 65。

它仍然是工人阶级中的主要部分。虽然他们和马克思时代的工人阶级相比并不完全一样，但根据他们在生产过程中的地位和收入水平等情况来看，他们作为工人阶级与之前相比并无两样。因此，密里本德坚信，这种重新组合的工人阶级具有阶级意识并有可能实现社会主义者一直追求的目标，那种认为当代工人阶级已经和资产阶级一体化的观点是没有事实根据的。

总之，密里本德认为，虽然发达资本主义国家的种种现实说明新社会运动和工人阶级斗争、左翼政党一样，在未来社会秩序的形成中具有重要作用，但工人运动仍然具有不可动摇的重要地位，它仍然是实现发达资本主义社会根本改革和革命性变化的核心，工人阶级仍然是社会变革所依靠的主体。因为对于统治阶级而言，主要的对手仍然是有组织的工人和左翼社会主义者，"他们才是首先要被控制的、抵制的，如果需要的话，被粉碎的"①。但密里本德并不否认新社会运动对来自下层的阶级斗争的重要意义。他甚至将这个拒斥阶级的运动看作是来自下层的阶级斗争的必要补充。

（二）新社会运动是"来自下层的阶级斗争"的必要补充

20世纪60年代，美国和西欧等发达资本主义国家开始新的社会转型，从工业社会迈进了后工业社会，生产力获得巨大的发展，民众的生活水平得到大幅度提高，阶级矛盾得以缓和，社会相对稳定，整个社会步入"丰裕社会"。与社会转型相伴而生的是各种新的社会矛盾、兴趣和价值观。人们温饱得到保证，诸如环境、人权、女权这类诉求日益得到关注。因此萌发于60年代末的新社会运动，主要是针对资本主义发展中出现的矛盾和问题所进行的抗议和斗争。1968年5月法国爆发的学生造反事件（也被称为"五月风暴"）是新社会运动的顶峰和象

---

① Ralph Miliband, *Divided Societies: Class Struggle in Contemporary Capitalism*, Oxford: Oxford University Press, 1989, p. 114.

征。它是 70 年代以后反核和平运动、绿色环保运动和女权运动、反种族主义斗争等真正意义上新社会运动的基础。一般认为，新社会运动之"新"在于它与马克思主义意义上的工人运动不同。工人运动是就阶级和剥削而言的，而新社会运动的兴起无疑对马克思主义阶级和阶级斗争理论形成一种挑战。新社会运动的范围、主题、形式和过程较左翼运动有了新的发展，甚至可以说是一种超越。传统左翼以蓝领工人阶级为基础，强调与阶级有关的议题，而新社会运动拒斥阶级的概念，强调从种族、性别等多重向度发起针对权力和统治的斗争。后者更侧重于身份认同，淡化甚至否定阶级政治和阶级斗争。因此，一般认为新社会运动超越了阶级，是阶层意义上的反抗统治阶级的多议题政治活动。"它们的主体、抗议主题以及类型，都不能再用传统的阶级话语来述说和分析了。"[1] 这成为战后西方国家"去阶级化"甚嚣尘上的社会背景之一。

与此同时，西方学者提出的不少观点也加剧了人们对阶级问题的忽视。C. 赖特·米尔斯提出美国产生了新中间阶级，并反对工人阶级是历史发展动力的观点。马尔库塞也提出了"工人阶级融合论"，认为资产阶级和无产阶级两大对立阶级不再是历史变革的动因。安德烈·高兹则认为以中产阶级"白领"为主的"现代工人"是新社会运动的主体，否认了工人阶级的社会变革主体地位。

然而，新社会运动终究没有统一的完备的组织形态，其分散化、小规模、流动性的特点使得这种联合非常松散、变动不定，缺乏明确的目标。因此，在密里本德看来，虽然新社会运动揭露了资本主义社会的新矛盾和新问题，丰富了对资本主义批判的内容，扩大了批判的范围，是一种基于多议题的政治活动，但如果从更宏观

---

[1]　姜辉：《当代西方工人阶级研究》，中国社会科学出版社 2015 年版，第 279 页。

的视角考量，把它看作反抗资本主义的力量，它也是对马克思主义的另一种诠释，是一种左翼运动。新社会主义运动对于社会主义事业而言具有重要的意义，是来自下层的一种抗议和压力的重要形式，应该成为"来自下层的阶级斗争"的补充。因此，新社会运动并不是新事物，只不过是在一些方面表现出新的趋势而已。他从政治学角度对新社会运动做了进一步分析。

1. 新社会运动的兴起及意义

密里本德认为，新社会运动是关于抗议和改革的运动，具有悠久的历史，贯穿整个资本主义的发展历程。在他看来，相比于之前的社会运动，最近几十年的社会运动具有扩大、激进，且更加有效的特点，并且已经深入当代社会的道德、文化和政治生活中。在这种意义上，它们是"新"社会运动。新社会运动的大部分领导者是资产阶级或是小资产阶级，但其支持者并非纯粹的工人阶级，他们的诉求跨越了阶级。于是有人提出，虽然新社会运动暗含马克思主义的因素，但它的出现恰恰说明了发达资本主义社会的分化是去阶级化的。而马克思主义者坚持认为这些社会中根本的分化仍然存在于统治阶级和从属阶级之间。对于上述争论，密里本德认为，站在新社会运动的角度，当前社会"根本的"分化是基于性别、种族，以及其他因素的分化。

在密里本德看来，新社会运动的兴起有多种多样的原因。其中有两方面原因比较重要：一方面，它是许多不同因素之间妥协的结果。第二次世界大战后，资本主义社会表现出巨大的动荡，"顺从的侵蚀和期望的增加，官僚组织的反作用和隐性的等级，环境破坏对人类生存形成的威胁和军备竞赛，节育的新技术，对开放的、民主的基层组织形式和生存形式的寻求"[1] 之间相互交错、妥协酝酿

---

[1] Ralph Miliband, *Divided Societies: Class Struggle in Contemporary Capitalism*, Oxford: Oxford University Press, 1989, p. 97.

出不同主题的新社会运动。它们之间有冲突，但都具体化为对现实一个方面或是多个方面的抗议。另一方面，新社会运动的参与者认为工人运动不能很好地帮助他们实现目标。就这一点而言，新社会运动的出现是一个对工人运动的能力丧失信心的选择，是对工人阶级是"普遍"的阶级的含蓄否定。

　　但不论怎样，新社会运动都具有重要的地位和作用。因为它提出的议题关乎社会生活各个方面，并且可以动员大量的社会成员参与其中。这在事实上对社会产生了显著影响，对社会根本性的改变做出了巨大贡献。在这种意义上，新社会运动也是来自下层的压力的一部分，它为那些遭受剥削和歧视的人代言，或者是代表着一部分人的奋斗目标。因此，密里本德指出，新社会运动和阶级斗争密切相关，甚至可看作阶级斗争的一部分。阶级意义上的斗争经常限制在工人与资本和国家之间，而新社会运动所实施的来自下层的压力在许多方面是交叉的。

　　2. 新社会运动和工人运动的关系

　　以吉登斯为代表的一批西方学者认为，新社会运动中的性别、族群特征和民族性不能化约为阶级。也就是说，新社会运动并非是一种阶级政治，而是"社会结构矛盾中被阶级冲突遮蔽的社会成分及文化冲突"①。奥菲也指出，新社会运动的出现意味着与阶级政治的显著决裂，因为它们的组织基础并不与社会经济阶级或其相应的左或右的意识形态相对应，而是相反的。它们按照性别、年龄、地域、环境等不同主题类别来加以组织和规范。但密里本德坚持用马克思主义的观点来分析新社会运动。他认为当前的资本主义社会结构变得更加复杂，阶级分层和斗争已经不是社会结构的全部。虽然从表面上看新社会运动因不同的议题而产生，且与阶级无关，但新

①　周穗明：《当代新社会运动对西方政党执政方式的影响及其启示》，《科学社会主义》2006 年第 2 期。

社会运动的兴起有其一定的社会经济根源。它和工人运动不是对立的，而是互补的。密里本德通过重新诠释葛兰西的霸权思想来加以阐释。在密里本德看来，霸权具有强制和同意双重含义。就同意而言，它是指统治阶级可以采取一系列手段，说服被统治阶级，使他们认同统治阶级规定的价值与规范，并内化成自己的价值观。但是，资本主义民主政权下的统治阶级所宣传的民主、平等、机会、繁荣、保障、公平和正义，与大多数人的生活现实不尽相同。他们仍然遭受剥削和支配，经济和精神上依然贫乏。因此，面对这种自相矛盾时，民众对统治阶级必然产生愤怒等不满情绪，由此对统治阶级施加压力。这时霸权的主要目的在于防止这些不满情绪从普遍性的存在转化为激进的思想。新社会运动就是一项反霸权的工作。它以新的思维方式和行动方式挑战既定的统治秩序，影响着这些国家的政治和文化。因此，它在意识形态和政治环境中的客观存在得到了左派的普遍认可。新社会运动所关注的议题是社会主义议题的一部分，许多从事新社会运动的人也是社会主义者。

另外，工人运动依然是所有运动中具有首要地位和意义的运动。密里本德认为，当前资本主义社会不能解决新社会运动所关注的社会问题及矛盾，要想解决或是缓和这些矛盾的条件是建立一个与他们的社会结构、活力、组织和气质完全不同的社会。但在社会改变的意义上，工人运动较新社会运动具有"首要性"。换言之，工人运动在社会变革中具有更大的潜力和重要性。因为工人运动是有组织的政治力量，对现存社会秩序具有根本性的挑战。尤其是有组织的工人作为一种改革力量，比社会中任何其他力量都具备更大的潜在能力和凝聚力。只要有组织的工人和它的政治机构拒绝发挥他们的变革潜力，现存社会秩序面对变革性的挑战就会是安全的。不论女性主义运动、黑人运动还是生态主义运动，抑或任何其他运动，即便能推动社会的改进和改革，也只是微小的改变而已。在密里本德看来，工人阶级不可能通过选举政治掌握国家政权，进而实现社会主义。这是因为国家权力并不等于政府权力，阶级权力也不等于国家权力。"国家权力"存在于国家机构中，并通过这些机构中的领导者来行使。

基于上述分析，密里本德认为，如果工人阶级想实现社会主义就需要与新社会运动建立同盟，以获取新社会运动的支持。因为新社会运动承载着许多想法，它可以扩大工人运动的理论和实践，激活工人运动所不能到达的领域。但是，针对以往的工人运动忽视或者反对新社会运动的倾向，密里本德强调，必须承认新社会运动是任何解放运动的一部分，尤其是来自下层阶级斗争的一部分。

3. 新社会运动的局限性

新社会运动作为来自下层阶级斗争的必要组成部分，有其特定的优势。由于它们不相信对于资本主义的全面挑战是可能并有效的，所以它们倾向于单一的议题，将力量集中在更加实际的具体问题上。这在一定程度上能够取得更加直接的成果。即便这些成果是有限的，并未达到既定的目的，但新社会运动的倡导者认为他们已经把相关的问题强加到国家的政治文化中，并从政府那里取得了一些重大让步。但密里本德认为，新社会运动仍存在一定的局限性。首先，他以女权运动为例指出，虽然女权运动对社会秩序形成强大的挑战，反对无所不在的男性统治和对妇女的歧视，并产生一定的影响力，但它不会从根本上改变资本主义的现有结构。其次，新社会运动远离社会革新的综合计划，很符合后现代主义对"普遍主义"的非难，对差异和特异性的强调，以及对阶级作为一个危险的"总体"和"极权主义"标签的回避。① 新社会运动倾向于肯定他们的非阶级或是多阶级的使命。然而，新社会运动中的积极分子在

---

① 参见 Ralph Miliband, *Socialism for a Sceptical Age*, London: Polity Press, 1994, p. 141。

一些问题上经常摇摆不定，那些问题对左翼政党的理论和实践形成挑战。因此，密里本德认为，保持单一议题的新社会运动并不能解决来自资本主义社会生产关系决定的国家政权所施加的核心压迫。

总之，在密里本德看来，新社会运动并不能产生像工人运动那样的显著影响，因为工人运动能带来一定程度的社会和政治变革，可以带动其他潜在的力量引发足以动摇政府或者政权的危机。虽然新社会运动有其局限性，但不可否认，它仍是联合力量的重要的组成部分。因为在发达资本主义国家，联合至关重要，没有单一的左翼组织能声称自己代表所有运动的抗议和压力，联合意味着不同力量的联盟，他们之间的谈判和妥协是革命取得进步和成功的必要条件。

三 "来自上层的阶级斗争"

1963 年以后，阿尔都塞的结构主义马克思主义吸引了第二代新左派。随即，在英国历史学研究中发生了结构主义转型。以汤普森为代表的第一代新左派的历史观是"自下而上"的历史观，以及阶级决定理论。但是安德森认为，"自上而下"的历史观也同样重要。受到两代新左派观点的影响，密里本德形成了对阶级斗争的新的思考。按照他的划分，除了来自下层的阶级斗争，发达资本主义国家中阶级斗争的另外一部分是来自上层的阶级斗争。它是由统治阶级发起的对抗从属阶级的斗争。

（一）复杂的参与者及斗争策略

在密里本德看来，来自上层的阶级斗争的参与者可以分为三类。首先，雇佣者、国家权力的行使者和政治机构的领导者。比如，政党、游说集团、报纸和杂志，以及许多其他机构。它们一般宣称自己是"非政治性的"，但实际上它们在阶级斗争中扮演了重要角色。其次，一些声称自己不是统治阶级或者权力精英的资产阶级的成员。这部分人包括许多记者、"评论员"。最后，它的部分成员来自工人阶级。^① 密里本德指出，虽然来自上层的阶级斗争的参与者中也包括一些下层的工人阶级，但它仍然可以称为"来自上层的阶级斗争"。因为它的领导者往往拥有或者控制资本主义社会中统治的主要手段，即一方是雇佣者，另一方是国家。面对来自下层的压力，上层的保守力量通常采取混合的斗争策略来谋求自身统治的合法化，进而维持自身的统治地位和利益。

为了实现社会根本变革或革命性变化，来自下层的民众不断对统治阶级施加压力。因此，统治阶级的首要任务就是在资本主义民主制度下保卫集中起来的权力和特权。但是，资本主义民主的存在似乎为下层的阶级提供了许多机会展示并发展自身，这对于一个数量相对较小的统治阶级来说是个巨大的挑战：如何享受一个巨大的同自身数量不成比例的权力和特权，并将这种状态继续下去？密里本德揭露说，统治阶级的策略就是在民主的伪装下，把来自下层的压力宣扬成一个妨碍自由、正义、国家利益、民主、法治的斗争。这就为统治阶级提供了自我合法化的关键因素，这一合法化通过突出来自敌人的威胁而得到强化，这个敌人就是他们口中的"共产主义"和苏联侵略的威胁。

在明确了复杂的参与者后，密里本德又分析了来自上层的阶级斗争通常采用的混合策略：监督和控制、强制和恐吓、哄骗和诱惑。具体而言，一方面是恐怖手段，另一方面是奖金、福利设施，以及任何其他可以引诱工人的措施，以使他们树立一种感谢和忠诚的观念。根据密里本德的考察，资本主义国家中的左翼积极分子，不论是在资本主义企业工作还是在国家机构中任职，都已经被列入黑名单。他们常常遭到迫害、骚扰，并经受身体上的暴力。在美国

---

① 参见 Ralph Miliband, *Divided Societies: Class Struggle in Contemporary Capitalism*, Oxford: Oxford University Press, 1989, p. 115。

这样的国家中，则面临被暴徒和安全部人员谋杀的危险。密里本德指出，这一点在发达资本主义国家中是极为常见的，因为"它一经开始就形成资本主义体制中来自上层的阶级斗争的一个'自然的'部分"①。与此同时，这些资本主义国家也通过一些手段来分化工人阶级。雇佣者努力找到所有可能分化工人的方法，比如区别对待和微小的让步，阻止工作场所稳定关系的建立和实施多层次的工资水平，以及其他任何可能破坏工人之间团结的方法。这些必须也被视为资本主义社会中阶级斗争的一个部分。

（二）国家对雇佣者的帮助

密里本德指出，在阶级斗争的过程中，雇佣者并非孤军奋战，社会中和国家中的其他力量和它一起对抗来自下层的压力和斗争。一些社会组织的主要目的就是反击工会，击败罢工者，影响公众对工会和罢工者的看法。还有一些人表面同情罢工者，但他们的目的却是要压制工人阶级的反抗意识，比如牧师。然而，对雇佣者最大的帮助来自国家。

1. 假借国家之名

密里本德指出，在资本主义社会中，不论是私人企业还是国家企业，对雇佣者最具决定意义的帮助来自国家。国家的干预发生在阶级统治、剥削和巨大不平等的环境中，它不可避免地把诸如"公众"、社区和"国家利益"转变成模糊的抽象概念。国家保护的不是一个"共同体"，而是一个特殊的社会秩序。这种特殊性表现为深刻的阶级分层，巨大的不平等，以及矛盾的阶级利益。

国家对雇佣者的帮助突出体现在对罢工的约束。密里本德通过考察发现，虽然资本主义民主制度赋予工人阶级罢工的权力，但这些权力实际上被一系列的禁令和约束限制了。这就削弱了罢工权力

---

① Ralph Miliband, *Divided Societies: Class Struggle in Contemporary Capitalism*, Oxford: Oxford University Press, 1989, p. 120.

应有的意义，影响了罢工的具体实施。而实施这一禁令和约束的主体就是国家。国家通常会"举起法律"来应对罢工。因为"什么是或者什么不是，在法律之内很确定的是裁定的主体"①，也就是说，关于某件事情是否合法，是由警察或地方官员或法官的意志来决定的。他们的意志不是随意的或者单独基于"客观的"证据和问题。然而，人们通常会认为这些决定不可避免地充满强大的意识形态设想和偏见。此外，阶级间的对抗代价高昂。因此，政府和大多数雇主宁愿通过其他手段达到他们的目的或是保证资本主义和平发展，尤其是当经济和政治环境对他们明显不利的时候。密里本德考察了第二次世界大战后英美的阶级斗争状况并指出，当阶级对抗不可避免的时候，发达资本主义国家往往会先接受对抗，然后想方设法使工会陷入协议、"社会契约"、"收入政策"以及其他策略的陷阱中，以减少来自下层的压力，尤其和工资要求相关的压力，并且把工会变成一个或多或少的官方代理，以维护资本主义事业和资本主义经济的稳定。

在密里本德看来，国家从事政治镇压的目的是反对"破坏"和"颠覆"，但其实质是阶级斗争的一部分。国家甚至打着消灭"恐怖主义"的幌子扩大其镇压功能的范围。例如，大规模的罢工、示威游行和其他政治活动很容易被看作颠覆活动，甚至将它们和恐怖主义联系在一起。保守主义势力正是以"国家安全""法律和秩序""国家利益"的名义参加这些斗争。因此，密里本德指出，资本主义体制虽然具有民主的形式，但在资本主义民主体制中的政治镇压通常是专制的、残忍的和报复性的。

2. 社会政策的制定与实施

社会政策是来自上层的阶级斗争的一个重要措施。密里本德指

① Ralph Miliband, *Divided Societies: Class Struggle in Contemporary Capitalism*, Oxford: Oxford University Press, 1989, p. 125.

出，发达资本主义社会中的权力精英和统治阶级将社会政策看作一种斗争策略。他指出，"社会政策"包含广泛的社会和集体服务与利益。在20世纪的人类历史中，国家承担了制定社会政策的责任。社会政策被看作包含国家税收政策在内的重要领域。国家在这一领域的行为有两种表现形式：其一，国家有意识地追求一种可以减弱和缓和普遍不满以及需求的政策，从而控制来自下层的压力。就此而言，当代"福利国家"的出现和工人运动有密切关系。其二，假定国家对工人阶级抱有同情心，在确保它的仁慈不会抑制资本主义合理地运行和市场优势的前提下，对社会政策和社会利益的范围与实质加以限制。在密里本德看来，国家税收政策就是这样一项社会和经济政策。不论是在哪里，资产阶级总是尽最大可能地寻求减少他们必须缴纳的税金，而在当代资本主义社会中，那些管理资本主义企业的人也想方设法减少企业的纳税金额。因此，税收是阶级斗争的固有部分。

3. 意识形态领域的控制

在任何阶级社会，统治阶级都力求尽可能多地减少来自下层的压力。尽管依靠武力进行统治是统治过程的正常手段，但单独依靠暴力统治很难完全实现这个目标。因为这是个充满不确定性的过程，它会受到各种限制并容易产生更多的冲突和对抗。所以，密里本德指出，"资本主义民主统治非常依赖于高水平的社会和解、'安全'渠道内冲突的常规化和从属民众对社会秩序合法性的接受"[1]。在政治社会化的过程中，统治阶级利用报刊与舆论不断宣传政治知识和政治信息，从而使公民形成一种政治人格和政治偏好。马克思就明确指出："占有他人的意志是统治关系的前提。"[2] 因此，相比

---

[1]　Ralph Miliband, *Divided Societies: Class Struggle in Contemporary Capitalism*, Oxford: Oxford University Press, 1989, p. 139.

[2]　《马克思恩格斯文集》第8卷，人民出版社2009年版，第153页。

于暴力统治，更好的办法是尽可能多地赢得从属民众的支持，而且大多数时候只要他们对既有的社会秩序表示积极的和热情的认可就足够了。

因此，密里本德把意识形态领域的政治社会化和教化事业看作来自上层的阶级斗争的重要组成部分。在这个斗争中有两个直接参与者：一个是私人所有和控制下的传播领域，另一个是国家。

密里本德以美国的报纸为例来说明来自上层的阶级斗争是如何在传播领域进行的。他指出，资本主义社会报纸讨论范围的大小是有所区别的。有一些报纸比较"自由"，有一些则比较保守，但它们并不会有本质的区别。任何来自左翼的激进观点只是象征性地出现在一些"有质量的"报纸中，大多数其他的报纸中是不允许出现这些观点的，广播和电视也是如此。在意识形态斗争中，资本主义对大部分媒体的控制是一个关键的武器。资本主义企业不仅日渐倾向于为它的产品做广告，也逐渐开始为它的哲学和观点做广告。一些"企业"将三分之一的可免除税收用作广告费，进而影响包括"消费者"在内的广大"公民"。这种"辩护广告"①（advocacy advertising）明显带有一种浓重的保守主义色彩，对获取商业利益极为有效。此外，资产阶级还同记者、评论家、学者、知识分子以及艺术家展开合作，以便清晰地表达保守主义的观点。关于这一点，马克思和恩格斯指出，"一部分人是作为该阶级的思想家出现的，他们是这一阶级的积极的、有概括能力的意识形态家，他们把编造这一阶级关于自身的幻想当作主要的谋生之道，而另一些人对于这些思想和幻想则采取比较消极的态度，并且准备接受这些思想和幻想，因为在实际中他们是这个阶级的积极成员，并且很少有时间来编造关于自身的幻想和思想"②。密里本德认为，马克思和恩格斯提

---

① 辩护广告也称作鼓吹式广告，它旨在提倡或宣传端个人化、偏袒激进观点或政策。

② 《马克思恩格斯文集》第 1 卷，人民出版社 2009 年版，第 551 页。

到的"人"并不必须是统治阶级的成员，他们也可以是资产阶级或者小资产阶级的成员。但他们的任务却是相同的，即颂扬现存社会秩序，谴责它的社会替代物，以此加强统治阶级的地位。

除了企业和其他社会机构在意识形态领域发起的斗争，国家也起到了一定的作用。也就是说，官方机构在劝说、教化和推行霸权的事业中担负了更大的责任。因此，总统、首相和他们的各级部长为了宣传观点和政策建议，捍卫政府的政策和行动会充分利用广播和电视。部长级的部门在所有发达资本主义国家中发展了一个规模庞大的宣传工具。这些部门同总统、首相和其他部长一起对媒体施加压力。密里本德甚至称美国国防部是世界最大的广告公司。总之，资本主义政府牢固地掌控新闻、记者和评论家。但密里本德也指出，这并不意味着资本主义的合法化措施已经获得预期的效果。事实上，国家内部的大部分人都在质疑资本主义。即使是合法化水平高的国家，在征服从属民众感情和理智的时候，下层阶级也会对特定的政策和行为产生持续的顽强抵抗，人们也会对社会秩序产生怀疑。因此，上层阶级仍然会控制下层阶级的抗议和挑战，并在必要的时候采取镇压等暴力措施。

4. 政治镇压

在密里本德看来，除了上述几种来自上层阶级斗争的形式之外，政治镇压也构成了来自上层的阶级斗争不可或缺的部分。密里本德认为，政治镇压可分为两大情形：其一，在独裁主义政府统治情况下，上层阶级对左翼的镇压（尤其是对共产主义者）采用关押、拷问、处决的方式。其二，独裁主义者获得了传统资产阶级精英在经济、管理、专业和文化上的支持，由此导致资产阶级民主统治下的传统精英的独裁主义倾向。这些传统精英怀疑民主形式，并强加给它们有效的限制，他们甚至希望完全废除民主形式，尤其是长期建立起来的资本主义民主体制。相反，这种体制中的统治阶级愿意保持这种政治结构，但前提是这个结构能够阻止任何对于既有的权力、财产和特权的严重侵犯，政府在国内外继续推行"合理的"政策，以保证社会秩序的稳定。因此，即使是在"正常的"环境中，资本主义民主制度也会使用大量的政治镇压来对待左翼积极分子和革命者。在这一意义上，政治镇压应该被看作是来自上层的阶级斗争的一个重要武器。

密里本德还进一步指出，统治阶级对麻烦制造者、反对者、革命者的镇压行动和阶级社会自身一样古老，它贯穿了资本主义整个历史。但自布尔什维克革命以来，对资本主义民主制度下的激进分子和革命者的镇压呈现出更加广泛的、有组织的和系统的特点。密里本德尤其指出，美国的电话窃听、邮件监视和内部间谍，以及国家机构实施的直接的和身体上的压迫已经变成"一个熟悉的，习惯性的和日益可以接受的政治事件和文化的一部分"[1]。美国各州反对"共产主义"和"共产党员"的斗争不仅确保了共产党的"虚拟灭亡"，还恐吓、分化社会主义者和自由党，阻挠新政进步。综合上述两方面的阶级斗争，密里本德指出，资本主义民主制度下存在永久的阶级斗争：一方面，来自下层的阶级斗争，它的目的是强化并扩大公民权利和政治权利；另一方面，来自上层的阶级斗争，它的目的是限制并侵蚀，甚至必要的时候，废除公民权利。

（三）"阶级斗争的国际维度"

全球化的深入发展使传统的社会阶级结构发生了重大的变化，阶级关系和阶级冲突由国家层面扩大到国际层面。虽然在密里本德的著作中并没有出现全球化的概念，但是，他却认识到"阶级斗争国际维度的与众不同，以及前所未有的重要性"[2]。在他看来，国际

---

① Ralph Miliband, *Divided Societies: Class Struggle in Contemporary Capitalism*, Oxford: Oxford University Press, 1989, p. 160.

② Ibid., p. 167.

范围阶级斗争的实质是国内阶级斗争在国际舞台的延伸。因此，他强调，讨论 20 世纪的阶级斗争必须要考虑它的国际层面。

1. 国家间的阶级斗争

密里本德对国际维度的阶级斗争的考察是基于对 18 世纪以来的国际关系的考察。他指出，国家间的阶级斗争一直以来都存在。1792 年法国大革命和欧洲旧政权之间的战争和随后发生在法国的阶级斗争有直接的联系，革命引发了战争，战争反过来又对革命本身的深入发展有决定性的影响。但 19 世纪国际上的斗争主要是国家之间的，不是阶级之间的。换句话说，国家间的国际斗争，不论斗争强度多大，都没有牵扯到每个阵营的社会性质。然而，1917 年以后，不同形式的国际冲突变得越来越重要。就资本主义而言，资本主义世界面临来自苏联指挥的革命力量的挑战。至此，国际维度的阶级斗争才凸显出来，并且占有重要地位。其首要原因是资本主义社会对革命和变革的恐惧。自俄国的布尔什维克革命以来，发达资本主义国家的权力精英就对社会主义意识形态抱以警惕的心态，认为有必要控制其传播。而第二次世界大战后的和解实际是为了牵制布尔什维克主义。由于对苏联和共产主义的恐惧，资本主义国家内部的一切左翼活动都被禁止了。而且由于同样的原因，资本主义民主政府在 20 世纪 30 年代后期，面对法西斯主义和纳粹的进攻和扩张采取了"绥靖政策"。这一政策达到高潮的表现就是慕尼黑协定，这一协定把捷克斯洛伐克拱手让给了希特勒，也证明英国和法国决心继续向纳粹和法西斯独裁者实行"绥靖政策"，并且尽可能地将苏联排除在外。

2. 美国在世界范围内的霸权

密里本德指出，在国际维度的阶级斗争中，美国占据了重要的地位，甚至是领导地位。这源于第二次世界大战后它在国际舞台扮演的角色。第二次世界大战后，美国表现出比以往任何时候都要强大、富裕，它也是最能担负领导资本主义世界重任的国家。在这种情况下，社会民主党领导人都欣然接受了美国的领导地位及美国推行的霸权。按照密里本德的分析，其主要原因有两点。从国内层面讲，西方国家的终极目的是维护旧秩序。因此，他们愿意在不改变旧秩序的前提下进行改革，并且他们也倾向于阻止世界其他地方的革命性改变。从国际层面讲，美国的强大和富裕，以及它所扮演的领导角色决定了维护旧秩序就要接受美国的领导。因此，第二次世界大战结束不久，美国及其盟友就将苏联的侵略和扩张等主题引入政治生活。意识形态和政治斗争的发起者既有公共机构，也有私人组织。公共机构是指美国中央情报局和由美国资助的各种秘密的前线组织，还有美国政府开放的宣传机构等，比如美国新闻署和美国之音。但在私人组织中也存在大量的此类活动，从美国劳工总会与产业劳工组织到主要的企业，从私立大学到不同教派的教堂。这些组织主要输出反共产主义思想，并在许多国家反对左翼的斗争中，支持当地的保守力量。

此外，密里本德认为，"国家安全"的旗号有助于掩盖资产阶级在世界范围内的侵略和扩张。自1945年以来，美国和其他西方国家的权力拥有者和决策者认为他们寻求保卫的世界正在受到改革和革命力量的威胁，而且必须要采取措施应对这种威胁。在密里本德看来，发达资本主义国家的这种反应是内部阶级斗争的补充。它通常是为了帮助本土的保守力量击退来自下层的干预和挑战。因此，这种干预必须被视为来自上层的阶级斗争的一部分。[1]

四 发达资本主义国家未来的阶级斗争

通过对发达资本主义社会阶级结构的分析，密里本德得出这样

---

[1] 参见 Ralph Miliband, *Divided Societies: Class Struggle in Contemporary Capitalism*, Oxford: Oxford University Press, 1989, p. 175。

一个结论：发达资本主义社会现在以及未来都将会是一个高度结构化、层次化的阶级社会。① 社会结构本身以及统治和剥削的模式可能会持续很长一段时间，并且权力在发达资本主义社会中的分布将会更加不平等。现有社会结构的持续存在也意味着工人阶级仍将是发达资本主义国家人口的绝大多数。因此，与阶级斗争相关的关键问题是工人阶级将如何行动，他们的要求是什么，以及他们的目的是什么。

关于上述问题，密里本德做出三个方面的设想。首先，阶级斗争将继续发生在工人和私人或公共雇主或国家之间，并且会零星地、有限地、明确地被包含和常规化在一个紧密的法律和政治约束的网络中。工人阶级罢工的目标主要涉及工资、工作时间和工作条件。因此，工人运动只是社会冲突的一种。与新社会运动中的其他团体施加的压力相比，并没有特别的意义和影响。就这一点而言，工会只能组织小部分工人阶级，即白种、男性、熟练的工人，提出"经济"层面的要求，因为他们没有比捍卫他们成员的切身利益更大的目标。

其次，发达资本主义社会必然产生更严重的阶级斗争。斗争的焦点不仅是关于直接的和具体的不满和要求，它还涉及更大的愿望和抱负——在社会主义制度的方向中实现社会秩序的"结构性"转换。

最后，发达资本主义社会中的阶级斗争仍将长期存在。虽然西方主流思想家竭力否认阶级斗争的程度加剧，不断地宣扬阶级斗争的观念已经过时，并且它已经不可逆转地消失。但密里本德指出，无数事实都证明阶级斗争在很长一段时间内仍将存在，这是当代资本主义本身的性质所决定的。

---

① 参见 Ralph Miliband, *Divided Societies：Class Struggle in Contemporary Capitalism*, Oxford：Oxford University Press, 1989, p. 203。

在密里本德看来，任何资本主义国家中即将上台的政府都寻求对现有的社会秩序进行一个激进的转换。但是，这一过程需要十年、二十年、三十年或是更长时间。因此，从这个角度看，"为了争取民主、平等、合作和没有阶级的社会，阶级斗争远未结束，而是刚刚开始"[①]。

第三节　小结

阶级是历史唯物主义的核心概念之一，阶级结构变化是当代资本主义最重要的变化之一，在某种意义上，阶级成为人们理解当代资本主义社会、民主政治、国家理论等问题的关键环节。因此，从改良主义出现以来，不单单是西方左翼学者，整个西方学术界都对资本主义社会结构进行了广泛的分析，这些学术研究和争论贯穿了整个 20 世纪，为密里本德进一步探讨资本主义社会阶级结构问题构建了一个宏观的学术背景。围绕马克思的阶级观问题，西方主流学者的观点是，当代资本主义社会的阶级结构发生变化，无产阶级已经消失，劳资之间的阶级对立也不复存在。因此，资本主义社会不再有阶级斗争。也有不少西方左翼学者根据新的时代条件对马克思主义的阶级观进行了重新解释。其中主要的代表性观点有卢卡奇的阶级意识理论，法兰克福学派的工人阶级融合论，汤普森的工人阶级形成理论，普兰查斯的"新小资产阶级论"，高兹的"新工人阶级论"以及拉克劳和墨菲的"多元主体代替阶级"理论，罗默的"中间阶级"理论等。在众多的解读中，既有对马克思主义阶级观的肯定，也有对这些观点的批判和改造。密里本德作为 20 世纪重要的左翼政治学家，从资本主义社会现实状况的变化入手，结合

[①]　Ralph Miliband, *Divided Societies: Class Struggle in Contemporary Capitalism*, Oxford: Oxford University Press, 1989, p. 234.

马克思主义的阶级理论和一些西方左翼学者对阶级问题的思考，以"梨形"的金字塔状的阶级图示展示了发达资本主义社会阶级结构的全景，追踪了阶级斗争的发展，展示了它各种各样的形式。面对一些对工人阶级的诘难，密里本德明确指出，工人阶级在挑战资本主义权力和重建社会秩序方面仍然具有"优先性"。这一观点捍卫了马克思主义的阶级观。总之，他试图对变化了的资本主义社会阶级结构及阶级斗争做马克思主义式的理解，但又对马克思主义阶级观进行了"修正"。其阶级观可以概括为以下两点：

其一，提出了以权力为中心的多元阶级划分标准。密里本德是一位左翼政治学家。虽然他基本赞同马克思主义的阶级理论，认为它在今天仍有一定的理论价值，但时代的变化催生了大量的新事物和新现象，马克思主义阶级理论不能完全有效地分析当下的资本主义社会。因此，他提出要重建马克思主义阶级理论，使其适应社会和时代的发展。他在原有马克思主义阶级理论基础上，结合一批西方左翼学者的阶级观，提出了阶级划分的新标准。按照密里本德的分析，划分阶级主要依据的是生产资料的归属，但也要将权力等级、收入来源和收入水平纳入考虑范围。按照他提出的"梨形"金字塔状阶级结构理论，原有简单对立的资产阶级和工人阶级应该改称为统治阶级和从属阶级，马克思曾提及的中间阶级应改称为中产阶级。其中，根据对社会经济和政治权力的控制，统治阶级内部又具体划分为权力精英和其余部分统治阶级；工人阶级较以往的概念也有所扩大，出现了候补工业者阶层，特指工人的妻子、子女及其伙伴；中产阶级既不同于马克思的旧中间阶级，又和西方左翼学者的新中间阶级有所区别。旧中间阶级是指小资产阶级和农民，而新中间阶级是由象征白领阶层的专业管理人员、科技工程与技术人员所构成。密里本德所谓的中产阶级则指拥有或控制小商业的人，以及操控生产、管理、监督、控制和镇压机制的人。他将这些人统称为小资产阶级，并指出这三大社会阶级之间具有流动性。

其二，对发达资本主义社会中阶级斗争的形式做了详细分类，将它们概括为来自下层的阶级斗争和来自上层的阶级斗争。某种意义上，他的阶级理论是对汤普森的阶级和阶级斗争学说的高度认同和补充说明。在密里本德看来，阶级斗争主体本身涉及双方，所以阶级斗争是一个双向过程。这个过程通常包括来自上层的阶级斗争和来自下层的阶级斗争，他们有各自的代理机构、政治、历史、传统和行动模式，而且他们有各自的需求和利益。但长期以来，资产阶级将人们的注意力引向来自下层的阶级斗争，掩盖了来自上层的阶级斗争。密里本德分析道，"在讨论这些冲突时，一直以来的习惯是专注于来自下层的压力，并认为阶级斗争是一个单向的过程……这是一个重大错误，因为来自上层的压力至少和来自下层的压力同等重要"[1]。可见，密里本德力图使人们关注权力精英和其他统治阶级成员，以及他们在维护和捍卫的现存社会秩序方面的举措。在他看来，这种来自上层的压力较工人阶级施加的压力更加持续和坚定，它对社会生活的影响力更大。因为它分布在各行各业，并且诱使人们相信"现有的社会秩序，虽然不是完美的，但却是在一个非常不完美的世界中最好的。因此，必须要同所有修改它的企图做斗争"[2]。尽管来自上层的阶级斗争的参与者身份各异，但他们大致可分为保守主义的强硬派和保守主义的温和派。在解决社会冲突采用的策略问题上，他们的态度并非一成不变，"反对派可能屈从于一定的必要性而参与到改革之中，温和的保守派也可能在压力的环境中会变得毫无理智"[3]。因此，密里本德指出，来自上层的压力是真实存在的，必须从双向互动的视角讨论当前资本主义社会中的阶

---

[1]　Ralph Miliband, *Socialism for a Sceptical Age*, London: Polity Press, 1994, p. 22.

[2]　Ibid..

[3]　Ibid., p. 23.

级斗争。

密里本德重构了阶级划分的标准，并以此重新分析发达资本主义国家的阶级结构，对形式复杂的阶级斗争做了归类。尤其是其阶级分析打开了理论上对统治和抵抗的非经济形式的探索。因此，他对发达资本主义国家的阶级分析可以说是一种积极的探索，具有一定的意义。20世纪七八十年代，随着"后工业社会来临"① 观点的提出，西方学术界展开了关于"阶级的死亡"的辩论，也开启了"阶级是否存在"这个问题的讨论。赞成"阶级消亡"的学者试图以此否认阶级存在和阶级分析，目的是掩盖资本主义社会中统治阶级和工人阶级的对立，进而麻痹从属阶级的阶级意识，维持现存资本主义秩序，达到维护统治阶级特权和利益的目的。60年代之后，阶级统治理论被多元化的概念所取代，传统的阶级政治正在淡化，新一代已经远离阶级政治，新政治更多的是围绕社会问题而不是围绕阶级开展。经济的增长瓦解了传统的阶级划分。虽然社会阶级没有消亡，但它的政治意义已经明显下降。人们从以往的以阶级为中心的分析转向多因素的解释分析。阶级区分已经变得不再重要和明显，种族、性别等因素已经成为政治领域中分化的基础。在"阶级消亡"观点盛行的时代背景下，密里本德"逆流而上"，坚持以马克思主义的阶级分析方法，研究发达资本主义国家。他指出，资本的剥削仍然广泛存在于发达资本主义国家，只不过以更加隐蔽的形式进行，而资本剥削的范围也由一国延伸至世界范围。由此，当前资本主义社会仍然存在阶级和阶级斗争。这有力地反驳了西方主流学者的阶级消亡论和阶级同化论，揭穿他们美化资本主义制度，抹杀阶级对立，麻痹工人阶级的意图。同时，他赋予工人阶级挑战资本主义权力的"优先性"，认为他们能够并且必须创造一个根本不

---

① 丹尼尔·贝尔在1973年出版的专著《后工业社会的来临》中，依据社会的经济技术结构，将人类社会划分为初民、农业、工业、后工业等社会进化阶段。

同于资本主义的社会秩序，唤醒了工人阶级的意识，清晰阐明革命主体理论，以此来推动英国社会主义运动的进程。这无疑是值得我们肯定的。

第 三 章

对发达资本主义国家问题的研究

第二次世界大战之后，国家的重要性日益凸显。国家的权力和行动性在发达资本主义社会中得到极大的扩展，无论是个人还是集体都越来越处于国家的控制之下。但是作为政治研究对象的国家一直以来都被学术界忽视，关于国家的观点也是非常陈旧的。造成这一现象的原因在于当时主流社会科学家致力于掩盖政治权力的来源、结构和运作。而资本主义固有的矛盾及其产生的阶级压力和社会紧张关系，使国家发挥了更显著的作用，因此，研究国家的行为必须以阶级分析为基础。密里本德对发达资本主义国家阶级结构和阶级斗争的研究与对国家性质功能的研究密切相关。国家不是中立的，而是统治阶级的工具。从根本上讲，马克思主义国家理论强调国家的阶级性质。在国家本质问题上，他赞同马克思的观点，即国家是统治阶级的工具。围绕这一论点，密里本德重点探讨了为何发达资本主义国家是维护资产阶级利益的手段，并证明其阶级本质。同时，他在和普兰查斯的争论中也探索了国家的相对自主性。有西方学者指出，20世纪70年代密里本德和普兰查斯关于国家问题的争论拉开了西方马克思主义者研究当代国家问题的序幕，"大部分与国家理论相关或相悖的观点及框架都是在这一时期形成的"①。事实上，密里本德国家理论确实开启了后现代国家问题的探讨，以此为基础，斯图亚特·霍尔、杰索普等人分别对国家理论做出进一步研究，出现了对撒切尔主义的批判、"策略关系理论"国家观。因此，研究当代英国马克思主义学术史上的国家理论，不可回避密里本德的国家理论。密里本德作为一名左翼政治学家，遵循"市民社会决定国家"这一基本原则，探求国家合法化基础，研究国家与社会之间的关系，展开对诸多国家相关问题的讨论。其国家理论影响深远，他本人也被奉为"工具主义"国家理论的代表人物。但也有学者指出，"工具主义"的概括是对密里本德国家理论的误读和曲解。本章就密里本德国家理论的基本观点进行再审视，力求对其国家理论做出全面的理解和客观的评价。

第一节　对发达资本主义国家
阶级本质的剖析

密里本德认为，西方学者虽然也在研究所谓的"国家理论"，但他们的理论缺少对发达资本主义国家的性质和作用的研究。为此，他把国家问题研究的重点放在这两个方面，对发达资本主义国家的真实面目做了鞭辟入里的分析和批判。密里本德认为，发达资本主义国家的最根本性质是阶级性，具体体现在国家权力与阶级权力的关系、国家机构和国家职能三个方面。

一　国家权力来源于阶级权力

列宁强调，"国家不是从来就有的。曾经有过一个时候是没有国家的。国家是在社会划分为阶级的地方和时候、在剥削者和被剥削

---

① ［美］史丹利·阿若诺威兹、彼得·布拉提斯：《逝去的范式：反思国家理论》，李中译，吉林人民出版社 2011 年版，第 3 页。

者出现的时候才出现的。①"从列宁的论述来看，国家是阶级的产物，与阶级密切相关。密里本德探究了政治权力与国家阶级性质之间的关系，以此来分析资本主义转型时期的国家。在密里本德看来，国家权力是由统治阶级分配的。因此，国家理论也是一种权力分配的理论。通过认识国家权力，可以更客观地认识国家的本质。发达资本主义国家代表并维护统治阶级的利益，主要体现在以下两个方面：

其一，国家理论是一种社会理论和在这个社会中分配权力的理论。密里本德指出，西方的政治学家和政治社会学家在讨论国家性质和作用时虽然注意到权力问题，但他们中绝大多数所宣称的"西方社会中的权力是通过竞争、破碎而扩散开来，任何人都能拥有一定的权力"② 的观点是错误的。在他看来，"一种国家理论也是一种社会理论和在这个社会中分配权力的理论"③。资本主义国家绝不是各种压力团体的平衡器，而是按照自身的阶级偏向分配手中的巨大权力。

其二，国家的目的是保护社会中特殊的掌权阶级。西方民主多元论者的观点是，西方社会中存在大量的利益集团，彼此之间是一种竞争关系。因此，统治权不可能集中在某一个阶级或利益集团手中。鉴于这种竞争关系，权力始终是分散的，任何利益集团和阶级都无法对国家发号施令。此外，西方学者以经理主义④为借口，否

---

① 《列宁选集》第 4 卷，人民出版社 2012 年版，第 27 页。

② ［英］拉尔夫·密里本德：《资本主义社会的国家》，沈汉等译，商务印书馆 1997 年版，第 6 页。

③ 同上。

④ 马克思曾在《资本论》中以合股公司的成长为依据，提出资本家实际的功能转变为纯粹管理其他人的资本的经理。但是，密里本德认为那时是经理主义的初期阶段，发展到现在表现为在大规模的资本主义企业内部所有权和控制权的分离。这种分离看似是在资本主义生产方式内部取消资本主义生产方式，从而解决自身矛盾，向着一种新的生产方式转变。但实际上，经理主义的意义在于，资本主义发展得过于庞大，以至于不能完全为拥有所有权的企业主所有和经营。因此，它并不是对资本主义的超越。对于一些人就经理主义宣称这是一个"精英是迅速地流动着"的社会，密里本德指出，经理主要来自有产阶级和自由职业者阶级，且这种聘用具有世袭性的特点。所谓的"机会均等"并不会有助于真正的平等，只会加强资本主义的阶级寡头制。包括企业家和经理在内的上等和中等阶级在很大程度上是自我招聘，有着很高程度的社会内聚力。总之，贵族身份和巨大的财富才是经理晋身的通行证。

定资本主义社会存在以生产资料的所有权为基础的"统治阶级"。但密里本德考察发达资本主义国家的社会现实后得出，资本主义社会仍然存在一个经济居支配地位的、时刻关注自身利益的统治阶级，它从未消失，反而以更加强烈的"阶级意识"活跃在当代社会。其主要成员是多元的经济精英。这些经济精英高度的内聚力、共同的利益和共同的目的，使他们超越某些分歧和异见成为居统治地位的经济阶级。他们的统治很大程度上表现在行使者较其他阶级而言具有更大的权力。他们不仅拥有经济所有权和控制权，还拥有起决定性作用的政治权力。正因为国家是阶级统治的工具，所以发达资本主义国家的目的就是保护社会中掌握权力的统治阶级。

二　国家机构体现国家的阶级性

"国家是一个阶级压迫另一个阶级的机器，是迫使一切从属的阶级服从于一个阶级的机器。"[①]　在讨论国家性质的问题上，必然要从阶级的角度来分析。密里本德通过对发达资本主义国家机构的考察，从国家机构的构成，尤其是政府的行为，进一步揭示了发达资本主义国家的阶级性。

（一）国家机构的要素

密里本德指出，国家的本体是由一系列特殊机构共同构成的，比如政府、行政机构、军队等"强力控制"分支、司法机构、中央政府等。它们的相互作用构成了"国家制度"。要理解发达资本主义国家的本质，首先必须厘清构成发达资本主义国家体系的五种要素。

第一，政府是国家充分授权的代理人，对国家的忠诚也就意味着顺从政府。政府有别于国家，尽管政府被赋予国家的权力，但它

---

① 《列宁选集》第 4 卷，人民出版社 2012 年版，第 33 页。

实际上并未真正地控制国家权力，政府对国家权力的控制程度还有待探索。第二，发达资本主义国家目前存在的各种行政机构远远超出了传统的国家官僚机构。由于行政机构的领导人与政府和社会之间有密切关系，所以它对于国家的作用具有关键性影响。鉴于任何地方的行政过程就是政治过程的一部分，大部分官僚思想更加倾向于把所有的政治问题转变为行政问题。第三，军队和警察构成了资本主义国家中的强制机构。它们通过服务于当时的政府来为国家服务。第四，资本主义国家中的司法机构在宪法上独立于政治执行机构。它不仅免予承担政治执行机构的责任，而且在国家和社会成员的冲突中，可以保卫后者的权力和自由。因此，司法是国家体制中的主要组成部分，对国家权力的执行有重要作用。第五，各种次中央政府单位是行政机构的触角。一方面，它是中央和边缘地区交流和施政的渠道，克服地方的特殊化；另一方面，它代表边缘地区的特殊利益，表达它们的意见。从本质上讲，次中央政府单位是中央控制和干预地方的工具，它是权力结构的一部分。

密里本德认为，上述五个机构是国家体系的主要组成部分，它们的共同作用成就了不同的国家制度形式。国家权力存在于这些制度之中，而行使权力的主体就是这些机构的领导人——总统、首相和他们的大臣阁僚；高级文官和其他国家行政官员；高级军官；法庭的法官；等等。[①] 密里本德将这些人称作国家精英。他们的社会地位、教育背景和阶级状况大致相同，而且他们中的大部分来自实业界和有产者，或是来自自由职业中等阶级。总之，国家机构的作用和国家精英的阶级属性决定了国家的阶级性。

（二）政府的意向

密里本德认为，人们通常容易把国家要素之一的政府当作国家

---

① 参见［英］拉尔夫·密里本德《资本主义社会的国家》，沈汉等译，商务印书馆1997年版，第58页。

本身，导致在讨论国家性质和权力问题时引起混乱。因此，他特别强调，不能把政府和国家等同起来，政府权力和国家权力之间也不能画等号。为此，他特别考察了政府的意向来说明政府和国家的关系。

首先，政府的意向总是和资本主义利益相一致。密里本德分析道，表面上资本主义国家各届政府的更迭以及它们对诸多问题观点、态度、纲领和政策上的分歧非常明显，甚至造成激烈的政治争论，但这些都只是表面现象，具有一定的迷惑性。历届政府的政治领袖和掌权者之间的分歧是极少的，相反，他们在根本性问题上达成了广泛的一致。因此，不论他们身上贴着何种政治标签或隶属于哪个政党，他们都可以统称为资产阶级政治家。因为从过往的历史来看，资本主义政府的掌权者始终具有同样的社会基础，即马克思所说的"生产方式"——所有现存的私人所有的和私人占有的经济和社会体系。因此，资本主义政权始终掌握在资本主义制度的支持者手中。在资本主义社会中，政府和国家的利益是一致的，二者之间的意向也是一致的。政府通常以国家的名义活动。

其次，越来越多的人接受了资本主义秩序。根据密里本德的研究，在许多资本主义国家，虽然来自工人阶级和原先社会主义政党的人士声称抱有反对资本主义的信念，但他们从未真正挑战资本主义制度，反而欣然接受它的基本框架和本质特征，甚至在他们执政时也倾向于这么做。另外，贵族的"资产阶级化"也导致了这一结果。作为一种强有力的经济、社会和政治力量的地主贵族利益的优势已经荡然无存，他们被纳入实业者阶层，减少了政府机构中的不和谐声音。因此，较以往而言，资本主义国家在经济和社会秩序的本质问题上取得了更大程度上的一致。

最后，政府的运转需要依靠资本主义的发展。发达资本主义国家政府通常公开宣称，他们要抛开具体的经济问题和资本主义利益，去关心国家利益、国家安全和国家荣誉。但是，密里本德指出，这些离不开健全的和繁荣的经济体系。而这样一种经济态势的获得需要依靠资本主义企业的繁荣。也就是说，政府为了实现更大的目标需要借助繁荣的经济，那就必须保护资产阶级的利益。因此，政府制定对外政策的出发点就是反对外国资本家的利益以及保护本国资产阶级的利益。

三 国家职能反映国家的阶级本质

密里本德认为，资本主义国家行使的职能大致可以分为四个方面：镇压的职能，思想文化方面的职能，经济职能和国际方面的职能。他通过考察资本主义国家的镇压职能和思想文化职能，并分析资本主义在战后几十年的发展历程发现，发达资本主义国家的阶级本质既体现在其"阶级镇压"的职能，也突出反映在国家的意识形态职能上。

（一）资本主义国家的改革和镇压

发达资本主义社会事实上的不平等暴露出它对于自己一直宣称的"民主"和"公正"的背离。面对来自下层的压力和反抗，资本主义国家作为统治阶级的卫士和捍卫者不得不采取措施来缓和这种矛盾和冲突。密里本德指出，一方面，掌权者宣布他们愿意实行改革。但这种改革限制在资本主义经济制度所创造的结构中，即"民主"政治结构对国家的行为不可避免的限制。因此，发达资本主义国家的改革必然与它宣布的目标相去甚远，而且经常处于停滞状态。另一方面，由于资本主义国家的改革无力制伏压力和抗议，它便转向了镇压，即用高压、警察力量、法律和秩序、反颠覆斗争等手段严厉地限制"合法的"不同政见者和反对者的活动领域。随着这一进程的日渐增强，"资产阶级民主"转变为保守主义的独裁主义。因此，资本主义国家在改革和镇压过程中实际是有偏袒的，它进行干预的目的在于维护现存的统治秩序。

（二）资本主义国家的意识形态职能

密里本德指出，资本主义国家行使意识形态职能的过程其实就是资本主义社会合法化的过程。这意味着资本主义社会中的统治阶级对所有或大多数不同政见者实行持续的和系统的镇压，以确保他们的权力，保存既有的社会秩序。这也就是为什么资本主义危机四伏、矛盾重重，却仍然没有灭亡。在密里本德看来，资本主义社会合法化的过程就是统治阶级运用强大的"灌输"手段在意识形态领域推行其霸权。

密里本德所说的霸权其实就是葛兰西提出的霸权概念。密里本德对葛兰西极为推崇，认为他是马克思之后的学者中，唯一对马克思主义政治学做出有价值贡献的学者。尤其是他在谈到统治阶级在市民社会中的"霸权"时含蓄地提到，统治阶级凭借在意识形态上取得对从属阶级的优势，从而在选举中得到群众的合法支持，继而保持持续的经济和政治优势。这一思想可以说是对葛兰西霸权理论的继承和发展。在葛兰西看来，东西方国家本质的差异决定了它们应采取不同的革命策略实现社会主义。相较于东方国家的暴力革命，西方国家需要争夺文化领导权或意识形态领导权。因为在西方发达工业国家，上层建筑是由市民社会和政治社会组成的。当国家出现政治危机时，稳定的市民社会结构就会显露出来。

马克思对这一问题的看法是，统治阶级的思想在每一个时代都是占统治地位的思想，因为"一个阶级是社会上占统治地位的物质力量，同时也是社会上占统治地位的精神力量。支配着物质生产资料的阶级，同时也支配着精神生产资料，因此，那些没有精神生产资料的人的思想，一般的是隶属于这个阶级的"[①]。然而，密里本德

---

① 《马克思恩格斯文集》第 1 卷，人民出版社 2009 年版，第 550 页。

认为，马克思之后的世界资本主义发生巨大的变化，他在当时做出的论断现在不足以解答这个问题了，但仍有一些地方值得借鉴。他将葛兰西和马克思的观点结合起来，提出了两点看法。

其一，虽然所谓的"霸权"是一定的经济和社会现实的衍生物，但它并非一种纯粹的上层建筑。它通过大量的代理人，有意识地创造出一种超越党派一致性的"更高级的团结一致"，而且通过统治阶级成员的地位优势劝诫从属阶级。这一过程使统治阶级的价值、认识和表征得以知识化和内在化，并将这些政治准则灌输给从属阶级。[①] 总之，在密里本德看来，霸权的推行过程实际上就是运用灌输手段的政治社会化的过程。这种过程具有相当的隐蔽性，因为在资本主义国家，灌输和洗脑是令人生厌的词汇，人们把它当作极权主义和专制制度下的活动。所以，发达资本主义国家的统治阶级往往打着国家文化、观念形态和政治自由竞争的旗号进行灌输活动。

其二，国家在"政治社会化"过程中的作用值得关注。密里本德认为，在葛兰西那里，意识形态霸权的建立和永久存在是统治阶级的首要任务，也是他们对文化制度的控制手段。由此，霸权是"市民社会"的产物，它和国家一起维持着镇压和同意之间所需的平衡。但是，随着国家地位的上升，国家在政治社会化过程中所起到的作用越来越大。国家以诸多不同的方式干涉意识形态斗争，并且这种趋势愈演愈烈。就采取的干涉形式而言，有些是猛烈的镇压，但也有一些较隐蔽的手段。

总之，密里本德认为，要想取得文化上的优势，统治阶级就必须把他们的价值观念灌输给从属阶级，并把这些价值转变成"每个时代的常识"。就发达资本主义国家而言，不管从属阶级对社会秩

---

① 参见［英］拉尔夫·密里本德《资本主义社会的国家》，沈汉等译，商务印书馆1997年版，第185页。

序有什么想法，也无论他们和这些价值观念之间有多远的距离，资本主义国家的统治阶级都具备说服从属阶级的能力。尤其是在意识形态和政治最为直接和明显的地方，资本主义国家通过控制手段来抑制和传统观点强烈格格不入的一些带有冲突性的观点。

（三）资本主义国家的合法化中介及途径

总体看来，葛兰西的文化领导权理论是密里本德研究发达资本主义国家本质和职能以及社会主义策略的一个出发点。他在《马克思主义与政治学》一书中，分析了葛兰西的领导权理论并指出，作为统治阶级的工具，国家对从属阶级的统治是在政治社会和公民社会中同时进行的，国家运用的控制机制包括广播、电视、出版、学校、教堂等。在密里本德看来，因为阶级统治包括经济的、政治的和文化的等许多各不相同而又相互联系的方面，"阶级统治绝不可能单纯是'经济的'或单纯是'文化的'，它必然始终具有强烈的和普遍的'政治'内容"[1]。所以，资本主义国家的合法化是多个层面的努力。但从本质上讲，资本主义国家的合法化就是要使资本主义传统通过"一个特定的机构网，如家庭、学校、宣传工具等机构，而得以维持和传播"[2]。之所以要进行合法化的活动，是出于保持资本主义传统的考虑，也就是保卫既有的社会秩序。

人的思想不是先天形成的，一个国家的社会制度也是如此，它必然带有旧社会的痕迹。换言之，社会传统的形成是一个自然的历史过程，是一定社会积累的各种经验的总和。马克思在《德意志意识形态》中指出："后代继承着前代积累起来的生产力和交换方式，这就决定了他们这一代的相互关系……单个人的历史决不能脱离他以前的或同时代的个人的历史，而是由这种历史决定的。"[3] 因此，

---

① ［英］拉尔夫·密里本德：《马克思主义与政治学》，黄子都译，商务印书馆1984年版，第22页。

② 同上书，第52页。

③ 《马克思恩格斯全集》第3卷，人民出版社1960年版，第515页。

包括行为准则、思想、道德、习俗和仪式在内的社会积累的各种社会经验的总和构成了社会的传统。而意识形态一旦结合了社会传统就很容易被人们所接受。在密里本德看来，传统是一个有机的统一体，包括各种思想和行动的习惯方式。这种多样化的传统在阶级统治中具有重要的作用。他提到，马克思在《路易·波拿巴的雾月十八日》中总结1848年革命失败的原因时曾说过：传统像山一样压在人们心上；人们并不是随心所欲地创造自己的历史，而是"在直接碰到的、既定的、从过去承继下来的条件下创造"①。所以，资本主义生产方式通过把自己伪装成自由、没有约束和等价交换的样子，掩盖并模糊这种生产关系的剥削性质。随着资本主义的进一步发展，这种精心的掩盖更加具有隐蔽性。工人阶级由于教育、传统、习惯而逐渐接受了资产阶级的统治，并把资本主义生产方式的要求当作理所当然的自然规律。由此可见，以资本主义传统和现实为一方，以工人阶级为主的变革力量为另一方，双方进行着不断的斗争。这种意识形态斗争主要是通过一些国家机构和一些不属于国家系统的机构进行。因此，密里本德大篇幅地讨论了当代资本主义的统治与服从问题。他试图从政党、宗教、民族主义、实业、大众媒介和教育等方面对资本主义合法化做详细的分析，概括出既定秩序取得合法地位的一些主要途径。

第一，资产阶级政党服务于政治社会化。密里本德认为，在发达资本主义国家中，实业阶级和统治阶级有自己偏爱的政党，并把它们选作传播媒介和工具，为政治社会化服务。这样的政党通常是保守党，而另外一个较大和牢固的"执政党"只是配角。至于其他政治组织，尤其是左翼政党，只是"政权中的客人"②，但这并不

---

① 《马克思恩格斯文集》第2卷，人民出版社2009年版，第470—471页。
② 密里本德在这里引用美国学者 J. 拉帕罗巴拉在《意大利政治中的有组织集团》中的概念，指明左翼政党只是暂时取得和保持政府官职。

意味着统治阶级一定要建立一个占统治地位的政党，因为它完全"可能通过那些口头上不完全代表自己的政党和许多其他的代理人来达到他们的目的"①。

但对占统治地位的政党来说，依靠一个"执政的"多数党更为适宜。保守主义政党不只是在商业和财产上占支配地位的阶级的政党，他们为了适应"民众政治"的需要不得不扩大民众基础。密里本德以英国和德国为例做了进一步说明。1867 年英国颁布第二次改革法，其实质就是统治阶级政党有意识地在全国创造一些民众基础并吸收一些民众党员；德国于 1945 年力图在战争的废墟上创立一个群众性的保守党。另外，政党的首要目的是保持现存的社会秩序。因此，所有资本主义国家的政党，尽管它们的成员和活动分子有很多是中等阶级下层甚至是工人阶级群众，它们都有一条共同的纲领，即保护资本主义企业。鉴于这些政党具有广泛的群众基础，以及它们具有争取跨阶级选民支持的特点，它们完全是"民族的"政党。

但密里本德指出，这并不能掩盖保守主义政党的阶级性质。一方面，它的多数领导人都来自上层阶级和中等阶级。它们是上层阶级的政党，不会代表工人阶级的利益。另一方面，实业界是保守党选举和各种宣传工作所需的财政来源。因此，这些政党是维护统治阶级和实业精英的政党，是捍卫这些利益集团意识形态地位的组织，也是传播保守主义和反社会主义观念的重要力量。它们保护着被称作自由、民主、立宪政府、爱国主义、民族利益、财产安全、财政稳定、社会改革、法律和秩序等众多不同的意识形态标记的东西。财政上的支持不仅保证保守党可以参加更多的选举，也有助于保证它在全国和地方范围内建立更加完善的组织，开展对选举有利

---

① ［英］拉尔夫·密里本德：《资本主义社会的国家》，沈汉等译，商务印书馆 1997 年版，第 188 页。

的宣传活动。

第二，教会对保守主义势力的支持。教会属于非"政治性的"机构，但宗教在资本主义国家有着悠久的历史传统，并且具有重要的地位，西方社会曾经政教合一的历史决定了宗教仍然发挥着不容忽视的作用。虽然发达工业社会经历了明显的世俗化过程，宗教在群众决定其政治选择时起的作用也已经很小，但它仍然是国家"政治社会化"和意识形态竞争过程中支持保守主义势力的重要力量。密里本德指出，宗教最大的影响就是，工人阶级在投票时经常被宗教情感诱导而支持非社会主义政党。因此，宗教在占优势的经济和社会体系中，一直起着一种"功能的"和"整合的"作用，并且保卫着国家的社会秩序。国家反过来通过支持教会作为报答，并希望教会可以在加强社会组织和国家权威方面给予帮助。总之，发达资本主义国家和教会保持高度的一致。

第三，国家和其他机构打着民族主义的旗号，实施"政治社会化"。在发达资本主义国家和统治阶级看来，民族主义最能发挥整合作用，也是政治社会化比较稳定的力量。虽然民族主义情绪具有强大的破坏力，甚至会挑战统治阶级占优势的政治制度以及传统的政治精英，但在密里本德看来，它仍然是一种保守力量，是发达资本主义国家的主要同盟，与左翼斗争并保卫现存的社会秩序。在统治阶级看来，没有什么比强调民族利益这个主题更为有效。因为不论在什么情况下，公民都倾向于服从至高无上的"民族利益"，这恰恰要求人们抑制其他方面的利益，特别是阶级利益。尤其当从属阶级为了"局部性"要求举行罢工时，统治阶级就会指出他们的行为损害了"国家利益"和"民族利益"。由此，从属阶级发起的运动经常失败。鉴于此，保守党经常通过出版物或大众媒介、教育设施、民族主义组织、教会和实业家等宣传"民族观念"或"民族利益"。而国家本身也通过各种机构和手段宣扬对现存社会明显起作用的民族忠诚观点。比如总统和首相经常扮出一种"无党派"和"非政治的"姿态,宣称自己代表整个民族的利益。

第四,实业家对资本主义的意识形态、政治和文化具有重要影响。实业家总是表现出远离政治,甚至是厌恶政治的态度,原因在于他们同政府官员一样,希望把争论的问题尽可能"非政治化"。因此,密里本德指出,对政治和意识形态的回避只是表象,事实上他们无时无刻不参与政治事务,他们不断地向行政机构的上层渗透。它要求"社会接受它倡导的政策、风尚、价值和目标,以及由它构成主要部分的经济体系和作为它存在核心的生活方式"[1]。由此,它产生了一种意识形态的教化作用,并且这种教化作用完全超过了社会上其他任何利益的力量。比如商业广告,由于它的开放和"非政治性",在捍卫资本主义事业和宣传它的价值观时更加有效。

第五,在发达资本主义国家的传播领域,统治阶级通过一系列大众传媒,反映发达资本主义社会的"开放"、民主的多样性和政治自由竞争。尽管大众媒体表面看上去是非"政治性的"机构,但新闻是西方国家意识形态控制的重要工具。西方国家通过向本国民众灌输统治阶级的价值观念和政治理念,加强对本国社会各个领域的渗透和控制。新闻自由是西方国家意识形态向发展中国家渗透的重要工具。因此,新闻向来被看作是西方民主政治的基石和象征。密里本德指出,发达资本主义国家的信息传播似乎并未被国家垄断,它们似乎并不完全是政府的喉舌或官方政策和舆论的工具,而且经常还会提出"有争议的"观点。但事实上,这些都是人们产生的错觉。因为资本主义制度中的文化生活具有迷惑性的特点。从表面上看,这些观点没有经过国家意志的干预,是饱含民主性的争论,但实际上它掩盖了出版物、广播电视、电影和戏剧等媒体的意

---

① [英]拉尔夫·密里本德:《资本主义社会的国家》,沈汉等译,商务印书馆1997年版,第214页。

识形态功能。密里本德列举出版的例子加以说明。他指出，不同地方的报纸在品位、内容和偏好上有很大的差异，但它们普遍反对左翼势力，尤其是在大选的时候，大多数都信赖并支持保守党。这种一致行动的背后是对资本主义制度的承认，并且认为"公有部分"的扩大有损于"国家利益"，私人力量的增强才能实现经济繁荣、自由和民主。另外，它们一致反对工会，尤其是工会不顾国家的利益及其成员的利益，试图取得眼前利益时。因此，密里本德称报纸是"独立的"看家狗，通过对左派凶猛地狂吠来维护资本主义的统治秩序。另外一些被他称作"群众性"的报纸，则是表面上不停地要求对现有制度进行变革、改革和发展，实则是装模作样。

密里本德进一步分析了发达资本主义国家大众媒介具有这种性质的根本原因在于它受到几种力量施加的压力。其中最明显的力量来自对"精神生产手段"的占有和控制。大众媒介绝大多数由私人控制，尤其高度集中于大规模资本主义企业控制的私人领域。由于绝大多数占有和控制资本主义媒介的人具有保守主义思想，甚至是反动思想。加之他们的观点对于报业有直接、迅速的影响，所以他们的思想也会"向下渗透"，使报纸成为表达个人观点的工具。第二个传统的保守的压力来自广告商所代表的资本主义利益集团。它们对媒介的财政生存能力至关重要，其实质就是金钱对新闻的控制。第三个对大众媒介产生压力的因素来自政府和国家。政府在"信息管理"中无所不在，尤其是后者遭遇危机时，对信息的管理和封锁，以及欺骗性的报道就越显得重要。另外就是政府对海外文化的管理范围越来越大，并把教育和文化作为外交政策的工具。而对于报纸、电台和电视台，政府会用各种压力、哄骗甚至威胁来迫使它们按照官方的旨意行事，以确保它们在政治和意识形态方面扮演顺从者的角色。密里本德以英国BBC（英国广播公司）为例做了进一步解释。在英国一次罢工事件中，BBC的董事长写信给首相，表明了自己的立场："鉴于 BBC 是为了人民，政府也是为了人民，因此，在这次危机中，BBC 也必须为政府讲话。"① 密里本德还指出，BBC 要录制什么节目，必须要看"什么能作为节目的时代精神，也就是什么是合适的得体的，什么是可以允许的和不被允许的"②。总之，政府对大众媒介施加了巨大的压力，这极大地加强了保守主义和顺从的趋势。

第六，教育领域的政治灌输。关于教育在发达资本主义社会的性质，人们从未达成一致的观点，但在一些基本问题上，人们的态度是一致的，即政治在教育中没有地位，任何政治灌输都将是并且实际上是与西方制度的教育理论与实践相悖的。但密里本德指出，教育与大众媒介相比"更需要区分狭窄的、明确的和政党意义上的政治灌输与广泛的、一般的和弥散性的'政治社会化'概念"③。因为资产阶级一方面极力宣扬教育和政治是分离的，但另一方面又始终在利用教育为自己服务。也就是说，资产阶级扮演了教育者的角色。不同层次的教育机构实际上一直在参与"政治社会化"，维护资本主义社会的合法性。密里本德以英国公学为例进行了论证。英国公学是英国的精英学校，以特权阶级的子女作为教育对象，它有意识地把灌输保守哲学当作自己的职责，通过把传统、宗教、爱国主义、权威、等级制度和狭隘的民主观，以及明显地反对社会主义的思想灌输给受教育者，使他们驯服地接受既有的社会秩序。英国公学的目的、精神、习惯和传统被普通学校模仿，甚至被整个教育体系当作杰出的典范。

虽然来自下层的阶级不断施加压力，产生了一系列的政治力量，"大众政治"等民主思想迅速传播，学校也逐渐支持"民主公

---

① ［英］拉尔夫·密里本德：《资本主义社会的国家》，沈汉等译，商务印书馆1997年版，第235页。

② 同上。

③ 同上书，第240页。

民"思想，①但这不意味着学校不再参与"政治社会化"，学校只不过采取了更加隐蔽和间接的方式来执行这些任务。密里本德认为，发达资本主义国家的教育体制对社会秩序具有认同作用，具体体现在三个方面：第一，教育通过遏制工人阶级进一步受教育的机会，使他们确认自己的阶级命运和地位，进而达到阶级整合的目的。第二，教育将异质文化、价值观等灌输给工人阶级的儿童，目的在于把他们"整合"到既定的社会中。第三，教育通过强烈的思想和政治形式，将统治阶级认可的"基本的""必不可少"的价值观和原则，灌输给整个社会。

除了中小学教育外，密里本德还特别提到大学在合法化过程中的重要作用。他认为，尽管大学经常回避它对于国家的义务，但鉴于国家提供了教学和科研活动的大部分经费，它不得不听命于国家。换句话说，国家实际上控制、干涉和指导着大学的行为。对于大学的活动，国家也享有绝对的发言权。因此，大学是实现国家意图的主要工具。此外，实业界也对大学产生了重要的影响。第一，越来越多的大学教师受雇于实业界，他们对于实业"问题"的理解受制于实业界。第二，私营高等学校机构，主要依赖于实业家，以及富有的个人和社团企业的支持。因此，他们对于提供捐助者不可能持批评的态度。第三，政治上保守的实业家支配着那些掌控大学的学监和董事会。第四，公司企业的发展也对大学产生了深远的影响。现代高等教育广泛地适合工业制度的需要，越来越多的学生倾向于研究实业和商业。他们不仅学习"管理技术"和其他相应技术，还接受资本主义企业的思想、价值观和目的的训练。总之，发达资本主义国家的大学拥有的是有限的自主权，它们既不能冒犯现有的政权，也不能公正地任命大学教师。

---

① 参见［英］拉尔夫·密里本德《资本主义社会的国家》，沈汉等译，商务印书馆 1997 年版，第 241 页。

（四）资本主义合法化过程的基础

尽管密里本德详细地论述了资本主义国家在合法化过程中的各种努力，但在他看来，最为根本的是"这个制度本身的活动造成的'社会化'，合法化过程只是加强了它"①。也就是说，"作为经济和社会制度的资本主义恰恰是由于它自身的存在程度，在本质上倾向于在从属阶级中同时也在其他阶级中产生出合法化的条件"②。具体而言，一方面，资本主义本身的活动在从属阶级和其他阶级生产出合法化的条件，尤其是它对精神生产手段的控制在使资本主义统治合法化方面具有重要的作用。另一方面，包括工人阶级在内的各个阶级倾向于向他们的子女灌输与他们的阶级相联系的意识、期望和心理习惯。例如，工人阶级家庭用各种方式使自己的子女与自己的从属地位相协调，并告诫他们如果要想成功，就要和他们试图进入的世界的价值观、偏见和思维方式保持一致。

密里本德最后总结道，发达资本主义国家仍然存在着私人的甚至更加集中的经济权力。这些权力的拥有者和控制者在社会、政治制度和决定国家政策和行动方面具有极大的优势。而且，经济和政治的密切相关性也决定了不平等的经济权力之下必然孕育了政治的不平等。因此，发达资本主义国家的阶级本质决定了资本主义社会宣称的政治平等和民主实际上是不可能实现的。

第二节 对发达资本主义国家
相对自主性的分析

在西方马克思主义中，国家相对自主性这一概念最早是由阿尔

---

① ［英］拉尔夫·密里本德：《资本主义社会的国家》，沈汉等译，商务印书馆1997年版，第263页。

② 同上书，第262页。

都塞明确提出的。他在《保卫马克思》和《读〈资本论〉》等著作中阐释政治上层建筑和意识形态上层建筑具有多元决定作用时，曾多次提到国家的"相对自主"或者上层建筑的"相对自主"。"一方面，生产方式归根到底是决定性因素；另一方面，上层建筑及其特殊效能具有相对自主性。"①

在密里本德看来，"相对自主性"是上层建筑相对于经济基础的一种特殊性质。因为他发现，"当国家按照马克思主义的说法代表'统治阶级'采取行动时，它多半并不按照统治阶级的指令行事"②。同时，西方主流学者也借由这种现象，打着"国家中立"的旗号来掩盖资本主义国家的阶级本质。因此，他深感有必要从理论上深入分析国家的这种特点，以戳穿"国家中立"的假象。

密里本德首先分析了以往对马克思主义国家理论的各种看法。马克思和恩格斯从其阶级观点出发，否认国家是"社会整体"的托管人、工具或代理人。因为社会托管人的观点掩盖了阶级统治的事实，以及国家是阶级统治的工具的事实。从 20 世纪 30 年代起，西方左翼学者展开了对第二国际的正统马克思主义的批判，尤其反对经济决定论。许多西方主流学者也批评马克思主义国家本质理论，认为马克思主义国家观是一种"经济决定论"，这种单向的决定论简化了国家与社会之间的复杂关系。但密里本德反对把马克思主义国家理论概括为"经济决定论"。对此，他认为关键要厘清两个问题：一是为什么国家是统治阶级的工具？二是"统治阶级"这一概念是否正确？他首先分析了马克思主义学者对于这两个问题的不同回答，并予以评析。

第一种答案与领导成员的性质有关。有些马克思主义学者认

---

① Louis Althusser, *For Marx*, London: Verso, 1990, p. 111.

② ［英］拉尔夫·密里本德：《马克思主义与政治学》，黄子都译，商务印书馆 1984 年版，第 79 页。

为，在国家系统中身居要职、处于国家支配地位的人一般都属于控制着社会其他领域的同一个或相同的几个阶级。因此，资本主义社会的国家总是倾向于偏袒资本家的利益和资本家的企业。但密里本德认为，这种国家的阶级偏见并非最终取决于国家领导成员的社会出身。

第二种答案同经济上占统治地位的阶级所施加的压力有关。有些马克思主义学者指出，某个阶级行使经济权力要凭借"它对经济和其他资源的占有与控制，要凭借它作为一个压力集团所拥有的力量和影响"①。但在密里本德看来，虽然资本主义企业是资本主义社会中最大的压力集团，但这不足以说明国家就是资产阶级的"工具"。

第三种答案与生产方式所强加的结构强制力有关。一些马克思主义学者认为，国家是一个"结构性的"、客观的和非人格的事物。国家的性质是由生产方式的性质和要求决定的，这种结构性的强制力决定了人们必须认识到，资本主义经济有其自身的合理性。密里本德一方面肯定这种"结构性"看法有助于人们了解政府行动的动机，另一方面他也指出，这种解释容易使人们陷入"极端结构论"的圈套，其实质是一种宿命论。

在密里本德看来，上述三种对国家性质的解释并没有准确地反映现实。他分析道，马克思主义的国家理论从总体上讲可以分为两大部分。其一，国家是拥有和控制经济活动主要手段的统治阶级的工具，这也是人们公认的马克思和恩格斯对于国家性质的概括。其二，国家具有相对自主性，即国家独立于并高于所有的社会阶级，它是社会的统治力量而不是统治阶级的工具。马克思和恩格斯并没有明确使用"国家自主性"一词，而是将其称作"国家相对独立

---

① ［英］拉尔夫·密里本德：《马克思主义与政治学》，黄子都译，商务印书馆 1984 年版，第 77 页。

性"。他们在长期的政治观察中注意到这种现象，并在《路易·波拿巴的雾月十八日》《德意志意识形态》《法兰西内战》《家庭、私有制和国家的起源》等著作中做了相关论述。以《路易·波拿巴的雾月十八日》为例，马克思就探索了波拿巴主义国家的相对自主性，"资产阶级没有自己直接进行统治的能力，因此，在没有一种像英国这样的寡头政治为了得到优厚报酬而替资产阶级管理国家和社会的地方……这种专政维护资产阶级的巨大的物质利益，甚至达到违反资产阶级的意志的程度，但是，它不让资产阶级亲自参加统治"①。而在《法兰西内战》中，他则指出："这些机关——为首的是国家政权——为了追求自己的特殊利益，从社会的公仆变成了社会的主人。这样的例子不但在世袭君主国内可以看到，而且在民主共和国内也同样可以看到"②。恩格斯在《家庭、私有制和国家的起源》中将国家定义为"从社会中产生但又自居于社会之上并且日益同社会相异化的力量"③，这些论述表明了国家相对于阶级社会而言具有自主性。但是，在密里本德看来，马克思和恩格斯所认为的国家相对自主性具有特殊性，它只存在于"国家中行政权力控制着国家系统的一切其它组成部分——例如专制主义国家、波拿巴主义国家或俾斯麦主义国家"④ 中。至于后来的马克思主义政治理论家则大都忽视了国家的相对自主性。

很显然，密里本德肯定国家的阶级性，即它是"统治阶级"的国家，但他也强调国家"作为一个阶级的国家而行动时拥有高度的自主和独立"⑤，并且必须要保持这种高度的自主和独立。他还提

① 《马克思恩格斯文集》第10卷，人民出版社2009年版，第237页。
② 《马克思恩格斯文集》第3卷，人民出版社2009年版，第110页。
③ 《马克思恩格斯文集》第4卷，人民出版社2009年版，第189页。
④ ［英］拉尔夫·密里本德：《马克思主义与政治学》，黄子都译，商务印书馆1984年版，第90页。
⑤ 同上书，第79页。

出，关于资本主义国家自主性有两个问题值得讨论：资本主义社会中的国家自主性程度到底有多大？国家自主性服务于什么？在密里本德看来，马克思主义尽管涉及此问题，但并未进行深入细致的研究，其国家相对自主性理论并不完善，需要做进一步的研究。鉴于此，密里本德从发达资本主义国家的现实入手，结合马克思主义政治学原理，阐述自己对于国家相对自主性的理解，并在和普兰查斯的争论中深化了对于国家自主性的认识。

一　资本主义国家相对自主性的含义

密里本德认为，资本主义国家相对自主性可以理解为国家独立于资本主义经济和阶级结构的决定性，即国家对"统治阶级"的相对自主性，以及对公民社会的相对自主性。国家相对自主性源于资本主义面临的直接压力：在阶级冲突、经济领域的竞争和资本家阶级自身活动所导致的矛盾的背景下，如何能有效而稳定地保护资本主义系统正常运转。具体而言，国家相对自主性有以下三个特点：

首先，国家自主性普遍存在于一切阶级国家。密里本德指出，不论国家采取何种形式，只要是阶级国家就会有一定程度的自主性。它是建立在国家和市民社会相分离的基础上，除非阶级划分和阶级斗争消失，国家消亡，否则这种分离会一直存在，并决定着国家的自主性。

其次，国家自主性程度因国家形式而异。密里本德认为，马克思和恩格斯关于国家相对自主性的论述是限定在行政权力控制着国家系统的一切其他组成部分的国家，比如专制主义国家和波拿巴主义国家。而且他们在措辞上夸大了这些自主性的程度，之后的马克思主义政治理论则对国家的相对自主性估计偏低。在密里本德看来，国家自主性享有自由的程度"同行政权力和国家总的对国会等机构享有的自由有直接关系，同它们对那些或者代表统治阶级或者代表被统治阶级，或者为前者或者为后者说话的压力集团享有的自由有直接关系"①。也就是说，行政权力受到的限制越小，国家的相对自主性就越大。

最后，国家自主性并不会削弱其阶级性。恩格斯在《家庭、私有制和国家的起源》一书中论及国家时提到："那时互相斗争的各阶级达到了这样势均力敌的地步，以致国家权力作为表面上的调停人而暂时得到了对于两个阶级的某种独立性。"② 密里本德认为，这样的论述容易引起误解，人们会由此认为国家自主性会损害国家作为统治阶级工具的性质。在他看来，国家的相对自主性不会削弱其阶级性，反而"使国家有可能以适当灵活的方式行使阶级的任务"③。

二　国家相对自主性理论的逻辑演进

密里本德对国家相对自主性的探讨始于对阶级权力和国家权力的区分。在密里本德看来，阶级权力不等于国家权力，二者存在差异，不能混淆。按照密里本德的理解，国家权力存在于政府、司法等一系列的国家机构中。阶级权力是"统治阶级为了维护和保卫对'公民社会'的优势地位而行使的普遍的渗透一切的权力"④。它掌握在不同的机构手中，比如统治阶级的政党、利益集团和压力集团。这些机构的设立就是为了行使阶级权力。此外，教堂、学校和家庭也可以行使这种权力。统治阶级的阶级权力在某些重要方面不是通过国家行动而是通过阶级行动来行使的，而在某些重要方面是

---

　①　［英］拉尔夫·密里本德：《马克思主义与政治学》，黄子都译，商务印书馆1984年版，第91页。

　②　《马克思恩格斯文集》第4卷，人民出版社2009年版，第191页。

　③　［英］拉尔夫·密里本德：《马克思主义与政治学》，黄子都译，商务印书馆1984年版，第95页。

　④　同上书，第60页。

通过国家机构行使的；同时国家在一切方面都是阶级权力的最后批准机构。① 基于上述分析，国家权力主要来自阶级权力，并以维护统治阶级的利益为最终目的，但它并不是阶级权力的唯一形式。因此，在阶级权力和国家权力之间有一个很明显的区分，即"国家权力是主要的、最终的，但不是唯一的，而阶级权力是确定的，被保护的"②。在此基础上，他展开了国家相对自主性的研究。

（一）基于马克思主义经济基础和上层建筑辩证关系的国家相对自主性理论

密里本德认为，长期以来人们对马克思的经济基础决定上层建筑，上层建筑对经济基础具有反作用这一论断存在误读。一些学者经常根据社会存在决定人们的意识这一论断，指责马克思主义是一种"经济决定论"，并据此认为政治是"被决定的"和"有条件的"活动，使政治丧失了自主性。密里本德指出，马克思的这段论述只是强调经济的基础地位，并没有主观上要忽视政治在社会发展中的作用，相反，他和恩格斯相当反对那种僵硬的和机械的"经济决定论"，也承认政治力量和政治形式有恰如其分的自主权。同样在这一问题上，密里本德对葛兰西的观点深表赞同。在葛兰西看来，就现实而言，经济基础和上层建筑之间的关系是具体而又复杂的，二者相互之间的关系构成了"历史"的总体。在不同的时间、地点和环境下，它们所占的比重和重要性也有所不同，经济因素并不总是起基础性作用，文化和意识形态也具有引领作用。所以，面对马克思主义者对"上层领域"重要性的低估，密里本德认为有必要突出政治的相对独立性。

密里本德对这种独立性的理解是，尽管经济具有基础性的决定

---

① ［英］拉尔夫·密里本德：《马克思主义与政治学》，黄子都译，商务印书馆 1984 年版，第 60 页。

② Ralph Miliband, "Poulantzas and the Capitalist State", *New Left Review*, Vol. 82, 1973, p. 87.

作用，但它对政治形式和政治制度的影响机制还尚不清楚。随着条件不同，有可能派生出不同的上层建筑，比如，国家最基本的特性是阶级性，但同一经济基础之上建立的国家却经常呈现出不同的形式，各种不同形式的国家又因为意识形态的差异而对经济基础起着不一样的反作用。具体而言，这种独立性表现在以下两个方面：

第一，国家独立于资本主义经济。资本和资本家的权力具有最终决定权，"相对自主的国家"也许被用来证明这种从属地位的合理。在马克思主义看来，在国家行为问题上，资本和资本家具有最终决定权。国家确实处于一个既定的经济背景中，它是由资本主义的生产方式决定的；国家做什么不做什么的关键是被资本和拥有控制资本的那些人的需要所决定的。然而，这样做的危险是，它逐渐削弱了国家的力量，其权力的行使常常带有一定目的，政策不仅是不参照资产阶级的态度进行，而且有时违背那个阶级的许多人的意愿，或者甚至是整个阶级的意愿。这是因为国家一直拥有一定的权力去设计改革，这是过去 100 多年来资本主义历史引人注目的地方。但是，密里本德也指出，国家所倡导的改革活动从来没有深入到可以挑战资本家的利益的程度，有时这种改革甚至是一种伪装，是加强社会秩序的手段，而不是削弱它的手段。

第二，国家独立于统治阶级和从属阶级。国家和阶级的关系不是固定的，而是经常处于变化之中。它常常会受到许多不同环境的影响，尤其是国家中阶级斗争的影响。但是，这并不意味着国家始终处于合作中的下级地位。恰恰相反，由于资本主义的矛盾和缺陷，以及它产生的阶级压力和社会紧张，需要国家在防卫社会秩序方面大显身手。所以，在国家和统治阶级关系问题上，密里本德实际是拒绝简单的还原论，即单纯地把国家看作统治阶级的工具。统治阶级和国家之间的关系是首先要讨论的问题。密里本德认为，《共产党宣言》中"整个资产阶级的共同事务"的提法暗示了资产阶级内部是由许多不同的甚至是相互冲突的部分组成的。而国家在为资产阶级服务的过程中，必然要充当调停各个部分矛盾的角色，这就意味着国家必须对统治阶级有一定程度的自主性。"资本主义国家——用马克思的话说，确实是为统治阶级的利益服务的，但它也不是每一件事情都是按它的指示办的。"①

（二）基于国家职能的角度看国家的相对自主性

密里本德从国家在日常社会生活中履行的职能入手，进一步论证了国家相对自主性的特点。按照密里本德的规定，国家具有镇压、思想文化、经济以及国际方面的职能，这些职能从不同的方面反映了国家的相对自主性特点。

第一，国家的镇压职能是以维持领土范围内的"法律和秩序"② 为目的的。作为阶级的国家，它实行干预的目的是要维护现存的统治秩序，由此这种干预必然具有偏袒性。国家干预的方式因国家类型不同而有所区别，比如资产阶级民主国家的干预权力和警察权力会受到各种各样的限制；而极权主义国家则受到的限制较少，但其警察权力很大。另外资本主义民主国家行使干预权力的范围始终处于变化之中，因不同的时期，不同的对象和事件而有所不同。这表明不同类型国家的相对自主性程度是不同的。

第二，国家行使思想文化方面的职能，目的是在现存社会秩序方面促进意见的一致。国家直接或间接地参与了使社会秩序合法化的活动，而且资产阶级越来越密切地卷入这种干预市民社会生活的形式，尤其是运用通信工具对这种努力起了进一步的推动作用。但由于资本主义社会中的国家也会有民主制度和极权主义的差别，所以它们宣传官方所认可的思想，以及压制反动思想方面的努力和程

---

① ［英］拉尔夫·密里本德：《马克思主义与政治学》，黄子都译，商务印书馆1984年版，第74页。

② 这里的法律和秩序之所以加引号是因为它们从概念到运用都充满着阶级的内容，换言之，它们都是由特定的阶级国家运用的特定阶级社会的法律和秩序。

度显然是不同的。因此，资本主义国家的类型不同，它们对于统治阶级的自主性程度也不尽相同。

第三，国家行使广义的经济职能。国家对经济生活的干预始终是资本主义历史上最重要和最具有决定意义的特征。要理解资本主义的历史，就要深入了解国家的活动。在资本主义制度下，国家的重要性越来越突出，尤其是国家干预已经成为资本主义经济生活中一个明显的特征。一方面，资本主义国家不可避免地通过独立颁布和实施预算和税收政策参与"经济生活"。不仅如此，资本主义国家甚至致力于建设一个"自由企业"的国家，并允诺在政治、军事和经济等各个领域保护和支持资本主义的发展。尤其在经济领域，国家通过补贴、关税、合同等措施救助陷入困境的银行和其他企业，并保护它们免受残酷的国际竞争。另一方面，资本主义国家不得不干预经济生活，以抵制资本主义经济对社会造成的破坏。资本主义的逻辑决定了它以获取剩余价值和高额利润为目的，而不会过分关注由其逻辑所耗费的个人和社会成本，所以国家不得不出面挽救资本主义自身，在那些缺少保护和加强的方面有所作为。简言之，资本主义的生存一直依靠政府干预经济，而作为一个体制，它的统治和剥削也取决于国家的强制力。尽管国家干预对于资本主义发展而言意义重大，但资本主义政府中一些市场理论家试图通过放松管制和私有化措施将政府干预减小到最低限度，并减少公共部门来支持私有部门的发展。与它们自身的教条主义信念相反，保守党政府一次又一次被迫地减少和修正资本主义的缺点。这样做的结果是整个国家经济衰退、社会淡漠和个人痛苦增加，最明显的例子就是 20 世纪 80 年代的英国和美国，受到这种市场教条主义的影响，英美两国的经济形势不断恶化。而 20 世纪出现"国家资本主义"说法更是印证了这一点。

第四，国家具有国际方面的职能，以维护所谓的"国家利益"。

密里本德指出，资本主义生产方式具有超国家的性质。因此，经济基础决定上层建筑的基本原理也同样适用于讨论国家的国际职能。一方面，马克思认为国家是世界国家的一个组成部分，这些国家间的关系和行为深受资本主义发展的影响，可以说，它们在经济上密切相连。资本主义逐利的本性决定了资本主义生产方式的扩张，导致了世界市场的建立，一切国家的生产和消费都成为世界性的。一切民族甚至是最野蛮的民族都卷入其中。另一方面，大量的国家纷纷建立起主权国家，每个国家都试图最大限度地独立行使权力，这就导致了政治上的分裂。但这些并不会影响国家的本质，即"资本主义国家是受巨大的资本主义强制力支配的——在这种情况下，这种强制力具有额外的国际方面"①。密里本德想要强调的是，国家的本质是阶级性，而国家的相对自主性只是国家的一种属性，二者不能混淆。

三 "密里本德—普兰查斯"之争

密里本德认为，对国家相对自主性问题进行真正意义上的探讨始于马克思和恩格斯。他们通过对那个时代一些主要国家的经验性考察，尤其是对法国波拿巴主义进行认真分析后，得出国家具有独立性的结论。虽然马克思和恩格斯并没有明确提出国家相对自主性的概念，但事实上他们已经形成了类似的思想。他们之后的西方马克思主义者普兰查斯对这一问题进行了更进一步的研究。作为与密里本德同时代的政治学家，普兰查斯也对阶级、国家、意识形态等问题极为关注。但两人关于国家的相对自主性却有不同的看法，甚至引发了两次影响深远的论战。正是这两次论战，引起西方左翼学者对国家问题的关注，开启了西方马克思主义的"政治学"转向。

---

① ［英］拉尔夫·密里本德：《马克思主义与政治学》，黄子都译，商务印书馆1984年版，第115页。

　　"密里本德—普兰查斯"之争大致包括两次争论。第一次争论发生在 1969 年至 1970 年。1969 年密里本德出版《资本主义社会的国家》一书，随之普兰查斯在《新左派评论》发表《资本主义国家的问题》，对密里本德书中的观点提出批评。普兰查斯认为，密里本德对资本主义社会国家的经验性和制度性分析未能理解社会阶级和国家是一种客观结构，以及它们之间的关系是一种有规律联系的客观系统。对于普兰查斯的批评，密里本德于 1970 年撰文《资本主义国家——对尼科斯·普兰查斯的答复》进行回应。第二次争论始于 1973 年普兰查斯《政治权力与阶级社会》英文版的出版。密里本德在《新左派评论》发表《普兰查斯和资本主义国家》，批评了普兰查斯的国家理论。面对密里本德等人的指责，普兰查斯并不接受。1976 年，普兰查斯撰写文章《资本主义国家：对密里本德和拉克劳的回应》进行反击。两次争论长达七年，争论的焦点是国家相对自主性，以及与之密切相关的波拿巴主义问题和研究方法问题等。为了厘清"密里本德—普兰查斯"之争的历史意义，我们首先要回顾一下普兰查斯的国家相对自主性理论。

　　如果说阿尔都塞是国家相对自主性概念的创造者，那普兰查斯则是从理论意义上对国家相对自主性进行概念界定。普兰查斯借助阿尔都塞的"结构主义马克思主义"中的"多元决定论"来分析国家的相对自主性问题。阿尔都塞的"多元决定"是指上层建筑对经济基础具有的特殊"决定"作用。在梳理马克思和黑格尔之间的关系后，他提出马克思将国家置于市民社会之上的理论尝试并不是一种简单的颠倒，而是"代之以在构成一切社会形态本质的结构和上层建筑复合体中各决定领域相互关系的新观点"[①]。在阿尔都塞看来，上层建筑的许多形式在不同的环境下是不能归结为单纯现象的

———————

① ［法］阿尔都塞：《保卫马克思》，顾良译，商务印书馆 1984 年版，第 97 页。

存在，这也就决定了矛盾的多元决定是合理的。也就是说，上层建筑有其一定的自主性，但前提是要服从于它所依存的经济存在。普兰查斯的"多元决定"概念是在一种非直线性因果关系的意义上使用的。他对阿尔都塞的"多元决定"做了进一步的发展，即多元决定作用产生于结构领域，但却是在阶级斗争领域发挥作用。也就是说，结构内部的多元决定作用赋予政治和意识形态一种特殊的效能，使它们影响并改写阶级斗争领域的权力关系。这也就解释了为什么国家的政治职能在阶级斗争中具有综合作用。它对社会中阶级分化进行调和，进而维护统治阶级的利益。因此，普兰查斯的国家相对自主性理论的一个特点是，将其和阶级斗争结合在一起考虑。这也是他的国家相对自主性理论区别于阿尔都塞的地方。普兰查斯的理论观点为后续一系列关于这个问题的讨论确定了基本的框架。密里本德就曾评价普兰查斯"对国家自主性概念做了最全面的探索"[1]普兰查斯的国家相对自主性探讨始于他对生产方式的结构主义分析。他反对传统的那种认为生产方式就是单纯的生产关系的观点。在他看来，生产方式包括经济、政治和意识形态等理论和实践。若干个这样的生产方式聚集在一起组成了一般意义上的社会形态。在这个社会形态中存在相互交织的矛盾，这些矛盾聚集在作为结构的国家中。因此，国家的社会结构也是分为经济、政治和意识形态三个部分。国家的功能同时受资本主义生产方式和资本主义国家社会结构的制约。虽然经济、政治和意识形态共同构成了社会形态，对社会形态都具有重要的作用，但归根结底起决定性作用的是经济。普兰查斯又根据资本主义社会的经济制度与政治制度相分离的特点，提出了资本主义国家作为上层建筑，对于经济和经济统治阶级保持一定的相对自主性。也就是说，国家自主性是指资本主义

---

① Ralph Miliband, "State Power and Class Interest", *New Left Review*, Vol. 138, 1983, p. 58.

国家相对于统治阶级的自主性，即"国家对阶级斗争领域的关系，特别是针对权力集团的阶级和派别的相对自主性，并扩大到针对权力集团的同盟和支持力量的相对自主性"①。这就进一步明确了国家、权力和阶级之间的复杂关系。基于此，普兰查斯又提出，资本主义国家的相对自主性并不是直接对应于资本主义制度结构和生产方式，而是指阶级斗争范围内的国家对于统治阶级的关系。

可见，普兰查斯认为，资本主义国家中的资产阶级并不直接代表本阶级的经济利益，而是代表他们的政治利益。国家是统治阶级形成阶级并进行政治斗争的媒介，为了达到它的政治利益，它有时会做出某种经济上的牺牲。"国家的目的正是要从政治上瓦解被统治阶级，在被统治阶级能够进行严格意义的政治斗争的一种社会形态中，有时这正是维持统治阶级霸主地位所不可缺少的手段……资本主义国家向被统治阶级的经济利益提供保证不仅不会威胁到阶级统治的政治关系，而且甚至还会为创立这种关系提供一种要素。"②所以说，国家始终是统治阶级的国家，国家的自主性并不否认国家的阶级性。而且恰恰是这种自主性构成了这些阶级的明确的、专有的政治权力。在此，普兰查斯试图用结构主义的方法，在一定的问题框架内来考察国家的"相对自主性"。

与普兰查斯不同，密里本德的国家自主性讨论并不是单纯的概念建构，他更加关心政治关联度和经验证据。他一方面承认普兰查斯的"结构性"的解释具有一定的解释力，可以帮助人们更好地理解政府的行动。但同时也指出，这种"结构强制力"的看法很容易使人陷入"极端结构论"。他受英国经验主义哲学的影响，倾向于用实证主义的逻辑框架来考察国家的自主性。密里本德对普兰查斯

---

① ［希腊］尼科斯·波朗查斯：《政治权力与社会阶级》，叶林、王宏周、马清文译，中国社会科学出版社1982年版，第285页。

② 同上书，第208页。

的批评有三点，一是普兰查斯文风晦涩；二是普兰查斯用阿尔都塞式的方法来阅读马克思、恩格斯的著作造成了误读；三是他没有区分阶级权力和国家权力。关于国家相对自主性问题，他认为普兰查斯的方法阻碍了他获得正确的认识，他的分析只能导致"结构主义抽象论"。对于密里本德的批评，普兰查斯认为，严格地讲，国家机构没有权力。国家实际上是社会关系的复合体。两人争论的实质是方法论的争论，分析方法的不同导致了彼此间的争论。他们关于国家相对自主性的结论在某种程度上是一个问题的两个方面，应该结合在一起看待。

单纯就这场争论而言，两人之所以得出不同的结论，是因为他们的研究方法迥异。密里本德和普兰查斯关于国家的争论，实际上就是经验分析和理论分析两种方法的争论。普兰查斯主张从抽象到具体，运用结构主义的方法对国家概念进行分析。而密里本德受英国经验主义哲学传统的影响，倾向于从具体到抽象的研究方法。他主张根据经验事实，从具体的历史中分析国家问题。因此，密里本德批评普兰查斯对国家问题的研究缺乏具体的历史和社会视野，因而是一种抽象的概念构造，不能真正地反映出国家的特点。这种抽象的结构主义研究方法甚至会否定相对自主性的概念。面对密里本德的诘难，普兰查斯声明，自己并未忽视理论和实践的结合。有的学者认为密里本德—普兰查斯之争代表了国家理论结构主义和工具主义的二元论分歧。但列奥·潘尼奇指出，"不能误以为密里本德和普兰查斯之争的理论和政治意义各自拥有不能通约的立场……把他们处理为工具主义者和结构主义者被证明是一种误导"①。也有学者认为，两人的争论没有实际意义，因为他们讨论的是完全不同类型的理论对象。普兰查斯关注的是"资本主义国家的类型"，重在

① Leo Panitch, "Ralph Miliband, Socialist Intellectual, 1924 – 1994", *Social Register*, Vol. 31, 1995, p. 13.

分析国家形式与资本主义生产方式的兼容性。密里本德关注的是"资本主义社会中的国家"，侧重研究确保资本发挥功能所需要的政治过程。前者是抽象地聚焦于形式充分性，后者是具体地研究功能充分性。

这次争论揭示出国家是统治阶级工具的事实，破除了国家是价值中立的自由主义论点。后来资本逻辑学派的兴起正是起源于这次争论，它试图超越工具主义与结构主义之争，尤其是两者关于国家自主性的争论。这次争论还引发了当代左派学者对国家问题的进一步思考，以及对密里本德的重新评价。如艾伦·M.伍德、艾瑞克·欧琳·赖特、列奥·潘尼奇、克莱德·巴罗和保罗·卫斯理、拉朱·达斯等。在密里本德去世后的许多年，这些学者依然对其理论抱有研究的热情，以不同的形式和角度解读密里本德的政治理论。在这些学者中，笔者认为，拉朱·达斯的分析更为全面。在他看来，密里本德和普兰查斯的争论实质上是包含彼此对立内容的二元论。具体可以归纳为：工具主义对结构主义，阶级斗争决定论和国家的资本决定论，社会中心研究方法和国家中心研究方法的二元决定论。社会中心研究方法是我们理解密里本德及其政治理论的一把钥匙。从之前的论述，我们不难发现，密里本德自始至终都是在资本主义社会这个宏观背景下讨论阶级、国家等政治问题的。他的政治学分析是以社会学视角为前提的。他从考察资本主义社会分层与结构变化出发研究资本主义的政治体制。也就是说，把政治现象和政治生活放到资本主义社会环境中去探求问题的本质。

总之，这次关于资本主义国家的本质和国家自主性问题的争论影响深远，它引发了学者们对欧洲历史上不同国家形式的生成和向社会主义过渡的不同形式等问题的探讨，发展了历史唯物主义视域下的国家理论和社会形态理论。

第三节 对发达资本主义国家政治的批判

在分析发达资本主义国家性质的基础上，密里本德展开了对发达资本主义国家的政治批判。他明确指出，发达资本主义国家表面宣传自己的民主、自由，代表公民的权利，实则是披着虚假的外衣，在政治上意识形态上对民众进行严密的统治和控制，这是资本主义国家实行政治社会化的一种手段。密里本德之前的马克思主义者一直致力于对资本主义的批判，无论是批判视角还是批判内容都对我们认识资本主义具有重要的意义。然而，以往的批判角度大都集中在哲学、经济和文化某个层面，单一的视角往往导致我们的认识片面化。密里本德从政治的视角对资本主义社会进行了细致入微的考察，揭露了资本主义国家普遍存在的意识形态信仰，资本主义社会所谓的无阶级、平等和民主的虚假性，以及资本主义国家在国内以及世界范围推行霸权的实质。这一视角无疑具有其独到之处。

一 指明发达资本主义国家民主的虚假性

资本主义国家一向宣称自己完全是在"国家利益"指导下运行的，并借此证明自己中立的立场。密里本德却一针见血地指出，"国家利益"和资本的利益是一致的。这就决定了二者的行动也具有一致性，尤其在爆发严重冲突的时候更加明显。但资本主义社会中一些最严重的冲突并没有直接涉及资本和劳动力之间的对抗，而是源于性别压迫和歧视、种族歧视、民族和宗教的差异等。此外，许多这样的冲突经常被看作阶级内部的斗争，包括工人之间的矛盾，以及他们在性别、种族、宗教、种族等问题上的分歧。由于人们没有从经济根源出发去分析这些冲突，所以也就无法认清它们的本质，进而影响对资本主义民主的认识。密里本德认为，如果认识到资本唯利是图的本质，那么就会认清资本主义民主的虚假性，以及它利用传媒进行意识形态控制，推行霸权的本质。

（一）虚伪的资本主义民主

发达资本主义国家经常吹嘘它们的民主，并引以为傲。资本主义制度的捍卫者宣称共产主义和社会主义是民主和自由的敌人，资本主义、自由和民主之间有亲密的联系，获得民主的唯一保证就是大力发展"自由企业"。但列宁曾经指出，资本主义社会里的民主是一种残缺不全的、贫乏的和虚伪的民主，是只供富人、只供少数人享受的民主。密里本德也认为，资本主义民主具有极端虚伪性，不是真正意义上的民主。

首先，从资本主义的发展历程来看，大部分时间里它都同民主没有丝毫联系。[①] 一方面，即便工人阶级发起了许多维护自己利益的罢工等活动，但在资本主义体制下，这并不会损害资本主义生产关系的高度专制。换句话说，对每个人来说都是至关重要的资本主义生产和生活，控制在小部分人手中。只要他们的行为没有僭越法律，并且对他们的股东负责，那就是合法的。另一方面，从资本主义的本质和发展角度来理解，大多数的保守派、自由主义者以及这一体制的捍卫者坚决反对进步的民主形式，特别是选举权的扩大。而它在一些方面表现出来的民主进步实质上是出于资本主义发展需要某些自由的考虑。因此，站在历史角度考虑，资本主义民主是与资产阶级要求联系在一起的。这些民主自由对专制主义的限制和对个人的保护，特别是有财产的个人，是从国家的利益中榨取的。虽然这种民主也有一定价值，但与严峻的经济条件下的大多数人无关。真正意义上享有民主的主要是财产所有者，其他人则被排除在外。

---

① 参见 Ralph Miliband, *Socialism for a Sceptical Age*, London：Polity Press, 1994, p. 24。

其次，发达资本主义国家民主和自由的扩大主要是各种顽固压力的结果。① 一方面，资本主义国家的统治阶级出于保护自身财产和特权的考虑，害怕工人运动和左翼运动会造成扩大性的后果，比如波及他们的政治统治地位。另一方面，工人运动和工人阶级政党在19世纪最后几十年里迅速发展，把大部分人排除到政治公民之外变得更加困难。因此，统治阶级不得不勉强承认扩大的选举权。他以女权运动为例做了进一步说明。20世纪两次世界大战之后，殖民制度逐渐瓦解，先前的各种矛盾发生变化并重新排列。女权运动是在这个动荡的时代高涨起来的，女性逐步参与到选举活动中。但密里本德指出，即便如此，民主仍然是有限的。因为它事实上遭到欧洲根深蒂固的特权阶级的反对，在美国也以不同的方式遭到抵制。另外一个明显的例子就是资本主义民主对罢工权利的程度和大小加以限制，目的是防止扩大的民主形式对统治阶级特权的侵害。因此，这些政权有强烈专制的一面，表面上与民主形式是平行的，或多或少地兼容，但也永远与民主格格不入。只不过资本主义民主所表现出来的恶意残忍比独裁政权要少一些。这一点在密里本德看来是资本主义民主唯一值得肯定的地方。密里本德的结论是，资本主义社会秩序的必然性并非如宣称的那样是真实的。对于社会主义者而言，在恰当的时候，有一种新的制度可能比资本主义制度更加民主。

再次，保守主义者并不是"民主最狂热的拥护者"。② 一般认为，资本主义国家的民主突出反映在它的选举制度。但恩格斯曾经指出，"凡是存在着土地和生产资料的私有制、资本占统治地位的国家，不管怎样民主，都是资本主义国家，都是资本家用来控制工人阶级和贫苦农民的机器。至于普选权、立宪会议和议会，那不过

---

① 参见 Ralph Miliband, *Socialism for a Sceptical Age*, London：Polity Press，1994，p. 25。

② Ibid. , p. 24.

是形式"①。列宁也曾一针见血地指出,"国家仍然是帮助资本家控制贫苦农民和工人阶级的机器,但它在表面上是自由的。它宣布普选权,并且通过自己的拥护者、鼓吹者、学者和哲学家宣称它不是阶级的国家"②。同样,在密里本德看来,这种选举实质上是政治精英之间为了权力的竞争。密里本德特别提到 1942 年在美国首次出版熊彼特的《资本主义、社会主义和民主》一书,认为这本书中提出的民主理论具有深远的影响。20 世纪 50 年代及以后的民主理论家们一致认为民主是"为了达到政治决策的制度安排,在那里个体通过争取人民的投票而进行竞争性努力获得上升力量做出决定。任何在这之外,通过大众的决策的东西被认为是不受欢迎的和危险的"③。密里本德对此深表赞同,在看他来,普通人在任何领域都不可能拥有真正的权力,统治阶级也不会出台和他们利益相关的政策。因此,那种资本主义社会是民主的观点纯粹属于政治的神话。他进一步指出,资本主义民主只是形式上的民主。虽然它也会对政府和国家施以一定的压力,比如废除当选的官员,将执政的政府赶下台,迫使政府寻求较为激进的改革,但不会从根本上改变资本主义国家的性质。因此,保守主义者并非是真正民主狂热的拥护者。

最后,公民权力的不平等。一些西方学者认为,第二次世界大战后资本主义社会中的很多不平等正在急剧衰减,人们在收入、财富、教育、生活等各个方面趋于平等。但密里本德指出,尽管一切宣传都说是平等的,但依旧存在着人数相对来说较小的一个阶级,他们以各种形式拥有大宗财产,而数量庞大的民众阶级拥有的财产很少或者一无所有。至于由消费革命带来的所谓"生活方式的融合作用",实际上也是资产阶级掩盖不平等的策略。一方面,工人阶

---

① 《列宁选集》第 4 卷,人民出版社 2012 年版,第 37 页。

② 同上书,第 36 页。

③ 参见 Ralph Miliband, *Socialism for a Sceptical Age*, London: Polity Press, 1994, pp. 25 – 26。

级和其他阶级消费的数量和质量是有区别的。另一方面，工人阶级在社会中的地位以及劳动与资本的关系并没有因为获得更多的商品得到根本性的改变，剥削和压迫依然存在。除了这种经济上不平等，人们还忽视了一个重要的不平等层面，那就是公民权力的不平等。尽管资本主义国家宣称赋予人民以权力，但诸如经济权力、行政强制权和通信等关键权力仍然掌握在相对少数享有高度独立性的人手里。这一点在经济和行政领域尤为突出。他指出，从狭义上讲，政治民主不能和对权力工具的寡头控制共存。因而，在过去的几百年里，资本主义国家的寡头力量付出了许多努力来影响公民的判断力。他们试图将资本主义制度说成是人民的政权。简言之，寡头政治在政治领域中通过民主形式掩盖其本质。

（二）利用大众传媒进行意识形态控制，推行资本主义霸权

密里本德认为，在意识形态和政治最为直接和明显的地方，资本主义国家通过控制来抑制与传统观点强烈格格不入的一些带有冲突性的观点。统治阶级控制着主要的传播方式，以此掌控资本主义社会的思想领域，获取大部分民众的同意。因此，人们不应该低估媒体作为传播方式的重要性。密里本德深入分析了发达资本主义国家的传播媒介，揭示了发达资本主义国家在意识形态和政治领域的控制手段。

对于发达资本主义国家的统治阶级而言，对立思想的传播挑战并威胁到他们的利益和统治。因此，他们自然会限制思想的传播。所谓的新闻自由也有一定的边界，是相对的而非绝对的。西方媒体大部分被财团操纵，属于私有制。私人所有权和控制权下的广播和电视，以及具有强大说服力的电影成为控制人们思想的主要途径和手段。因为"没有哪个领域在反映发达资本主义'开放的社会'自诩的民主多样性和政治自由竞争时，比传播领域——出版物、一

般的书面语言、无线电广播、电视、电影和戏剧——更有效率"①。
因此，新闻自由的主体是媒体的老板。也就是说，老板决定着媒体
发布消息的内容、时间以及角度等。例如，在每次选举期间，大部
分的英国小报用它持续的、致命的、对左翼歇斯底里的诽谤来干扰
选举。密里本德称之为控制传媒所导致的政治污染。他还指出，美
国公民打开任何媒介——报纸或杂志、广播或电视、书籍、电影、
录像带——都会收到同样少数公司的信息或理念。同样的情形也出
现在每日新闻、有线电视娱乐计划，或教科书中。鉴于其他发达资
本主义国家也有类似的情况，密里本德得出了整个资本主义世界都
毫无民主可言的结论。资本主义国家的新闻自由现在只是意味着政
府可以自由地控制新闻，也意味着媒体大亨把他们的偏好和偏见注
入他们控制之下的传播方式。

但是，上述情况的实质经常被资本主义标榜的民主所掩盖。因
为资本主义国家中的传媒领域具有私人性质。它们看上去与民主是
相容的。比如，传播领域的私人所有者和控制者经常遭到很多抗
议；他们声称不关心"政治"，并且他们的目的是获得利益、娱乐
公众、传播知识、教育群众等。对此，密里本德尖锐地指出，所有
那种认为这些目的和政治观点是民主的人要么是天真，要么是虚
伪。因为在任何情况下，只要政治进步没有严重地偏离所有者或控
制者的立场，那他们就可以对政治漠不关心。而一旦与之违背，
"所有者和控制者就会快速地发现自己在政治中的强烈兴趣点"②。

密里本德进一步指出，在深刻分化的资本主义社会里，社会权
力和特权存在巨大差距的地方与民主的言论有永久的矛盾。媒体的
主要功能之一就是掩盖、模糊和否认矛盾，其实质就是掌权的人赢

---

① ［英］拉尔夫·密里本德：《资本主义社会的国家》，沈汉等译，商务印书馆 1997 年版，
第 221 页。

② Ralph Miliband, *Socialism for a Sceptical Age*, London：Polity Press, 1994, p. 33.

得多数人的心灵和思想。密里本德还总结了控制传播手段的各个
"结构性"部分：信息的操纵和失真处理，对不利的事实的压制，
对有用的神话的制造，由私人和公共机构制造简单的谎言等。当
然，统治阶级的这些措施并不能完全成功，一些人往往抵制被洗
脑。即便这样，统治阶级在意识形态领域发动的斗争也是势在必行
的。因此，在密里本德看来，传播体制作为资本主义国家控制意识
形态的一种手段，可以使人民认同资本主义主流意识形态，维护既
有的社会秩序，方便统治阶级推行霸权。

二　批判发达资本主义国家的全球扩张

密里本德认为，资本主义的全球影响力其实就是它的全球覆盖
力。早在16世纪世界贸易和世界市场就出现了，随之而来的是掠
夺和屠杀。资本主义对领土、市场、原材料和廉价劳动力的需求决
定了资本主义国家之间的竞争、国际紧张和危机，由此产生了两次
世界大战。第二次世界大战之后，资本主义和共产主义之间剑拔弩
张的形势开启了冷战的格局。密里本德却认为，冷战的真正目的并
非是美国宣称的控制和抵制苏联扩张的野心及其对整个世界的威
胁，而是要反对一些国家中的革命性挑战，并以此捍卫资本主义的
统治。但他们需要一个冠冕堂皇的理由，即反对苏联的极权主义，
捍卫民主和自由。一般而言，这样的借口是受欢迎的，也不容易引
起他人的质疑。然而，从极权到民主转变的前提是社会秩序的根本
变化。这就意味着经济制度的变革：原先的生产资料公有制要转变
成私有制。至此，一个崭新的资本主义社会秩序建立起来。这就是
资本主义国家对外扩张的根本目的。

密里本德认为，上述对资本主义国家的指控和批判还不足以说
明为什么要用社会主义代替资本主义。只有在明确了社会主义的替
代确实可以给大多数人的生活方式带来更好的改变，才能做出这一

论断。

第四节 小结

国家问题是历史唯物主义的核心问题之一，离开国家来谈论人的解放和社会主义是不可能的。在国家问题上，"随时会看到各个不同阶级之间的斗争，看到这个斗争在各种国家观点的争论中、在对国家的作用和意义的估计上都有反映或表现"①。也就是说，在国家的产生和发展问题上，不同阶级出于自身利益的考虑，会做出不同的解释。因此，要正确地分析发达资本主义国家，应该对历史有个科学的认识。国家起源于客观存在的经济关系，国家的本质是阶级统治的工具。恩格斯在写作《家庭、私有制和国家的起源》时，阅读和采用了大量的史料和政治材料。密里本德对国家的研究，也采取了相同的方法，以英国乃至西方主要资本主义国家为参考，进行了大量的实证主义分析，同时借鉴挖掘了各种理论资源。在他看来，马克思和恩格斯关于国家是统治阶级统治和压迫被统治阶级的机器的论述过于笼统简单，不能有效地说明第二次世界大战后发达资本主义国家的现实。西方马克思主义的早期代表人物葛兰西从政治社会和市民社会的双重角度深化了对国家的认识。面对现实中不断变化的资本主义社会以及理论上的困境，密里本德认为，只有重新研究资本主义国家，才能认识整个社会历史的发展进程和无产阶级解放斗争的策略。于是，他援引马克思主义的国家理论和葛兰西的霸权理论，结合普兰查斯的国家相对自主性分析，展开了对国家性质和作用的深入研究。

密里本德对发达资本主义国家本质的研究肇始于对发达资本主

---

① 《列宁选集》第4卷，人民出版社2012年版，第26页。

义社会中权力的分析。在他看来，国家理论是一种关于分配权力的理论，它按照自身的阶级偏向分配手中的巨大权力。但阶级权力和国家权力并不能完全画等号。国家权力是由统治阶级分配的，它只是阶级权力众多表现形式中的一种。既然国家是统治阶级权力的主要运行者，那么它必然要保护社会中特殊的掌权阶级，即统治阶级。他还从国家机构的角度论证发达资本主义国家的阶级性。密里本德指出，政府、行政机构、军队、司法机构、中央政府之间的相互作用构成了"国家制度"。国家权力存在于国家制度中，而这些机构的领导者通常是权力行使的主体。由于国家机构的领导者有着相似的社会地位、教育经历和阶级地位，因此他们必然维护所归属阶级的利益。此外，他结合马克思主义的国家理论和葛兰西的市民社会理论指出，国家在政治社会中的职能表现为暴力统治，在市民社会中表现为对民众的教化。国家的目的就是"建立一种'秩序'来抑制阶级冲突，使这种压迫合法化、固定化"①。

　　此外，密里本德还指明发达资本主义国家的另外一种性质——国家相对自主性。通过阅读密里本德的著作我们发现，他除了关于发达资本主义国家阶级本质的论述之外，还运用大量笔墨研究了国家的相对自主性问题。早在1965年发表的《马克思和国家》中，他就试图指出，除了国家是统治阶级的工具这一达成共识的观点外，马克思主义还有一个次要的国家观，即国家独立于所有社会阶级。也就是说，国家有时并不完全按照统治阶级的意志行事。国家独立于并高于所有的社会阶级，它是社会的统治力量。在他看来，马克思主义所谓的国家独立性就是国家的相对自主性。阶级权力不能直接转化为国家权力，它还有其他众多的表现形式。因此，国家相对于统治阶级和市民社会具有自主性。它普遍存在于阶级国家，

---

①　《列宁全集》第31卷，人民出版社1985年版，第6页。

并且自主性的程度因国家形式的不同有所差别。它的产生是为了在阶级冲突、经济竞争的压力下维护资本主义秩序的正常运转。因而，国家的相对自主性不会削弱国家的阶级性。密里本德对国家相对自主性问题的探索有其内在的逻辑。他对经济基础与上层建筑辩证关系的反思，以及他同普兰查斯的争论都深化了他对国家相对自主性问题的认识。最后，在对国家职能和国家机构的分析上，他揭示出国家相对自主性的程度同国家行政权力和国家机构享有的自由密切相关。

在完成对发达资本主义国家性质的一般性分析之后，密里本德展开了对发达资本主义国家民主和对外扩张政策的批判。正因为发达资本主义国家的阶级本质，它才会不断地维护资产阶级的利益。这就决定了发达资本主义国家的民主也具有阶级性，它不是全体公民的民主，而其对外扩张政策更是为了满足资产阶级获取更多利益而制定的。因此，在密里本德看来，资本主义国家这些罪恶无法依靠自身来解决，最好的选择就是建立一个社会主义国家，用社会主义替代资本主义。密里本德的国家理论既从经验的层面反驳了西方主流政治科学的多元化的模式，即假设权力具有竞争性和分散性，又证明了马克思主义分析的当代有效性。在理论层面上，使国家的概念在英美政治学和社会学中恢复了突出的地位。

第 四 章

"新社会主义"构想

1871 年 3 月 18 日，世界上第一个工人阶级政府巴黎公社在法国诞生，它是工人阶级为打碎资产阶级国家机器，建立自己的政治统治所做的第一次尝试。马克思对于这次工人行动给予极大的肯定。通过对巴黎公社经验的理论分析，马克思开启了对资本主义国家本质的剖析和无产阶级革命策略的制定，并对共产主义的未来发展做了进一步的思考。此后的马克思主义者一直致力于建立共产主义社会，实现人类的全面解放。但随着苏联与东欧社会主义国家政权相继解体，世界社会主义运动陷入低潮，世界上甚至一度出现反共产主义的浪潮，但这并没有影响密里本德对社会主义的向往。在他看来，要消除发达资本主义国家的罪恶就必须实现社会主义。因此，从研究一般资本主义国家到分析英国的资本主义民主制度，他都在不断探索符合当时社会实际的社会主义理论，寻找实现社会主义的"第三条道路"。正如密里本德学生列奥·潘尼奇所言："拉尔夫·密里本德一直致力于证明保有真正民主的社会主义制度进展的必然性，并通过建构一种替代共产主义和社会民主主义的新社会主义，探寻促进这种制度实现的可能性。"① 然而，20 世纪末苏联解体、东欧剧变动摇了人们的社会主义信念，在"怀疑时代"②，社会主义是否仍然是资本主义最好的替代？如果是，发达资本主义国家如何实现社会主义？这成为密里本德最为关心的问题。

通过对发达资本主义国家的研究以及对苏联共产主义③的反思，密里本德指出，社会主义的实现仍然是可能的，仍然可以作为资本主义的替代而存在和发展。关于如何实现社会主义，马克思和恩格斯指明的道路是暴力革命和改良④。但密里本德并不赞同列宁式的暴力革命，而是倾向于改良。

20 世纪末共产主义的危机和西方社会结构的变化促使密里本德深刻反思了世界社会主义的理论和实践，尤其对苏联共产主义的弊端做了思考。他将社会主义理解为一个为了追求更加公正的社会而采取的斗争过程，且只要符合民主、平等和社会化的经济这三个社会主义的核心命题，就意味着实现了社会主义。同时密里本德也指出，社会主义事业必然面临着资产阶级的阻碍和挑战。因此，他继续分析了在资本主义国家推进社会主义进程面临的问题及解决方案。密里本德的社会主义策略既不是暴力革命，也不是议会道路，而是在资本主义国家进行以改革为主要方式的改良。也就是说，他试图以"结构改革"的办法代替"打碎旧国家机器"的方法。在

---

① Leo Panitch, "Ralph Miliband, Socialist Intellectual, 1924 – 1994", *Social Register*, Vol. 31, 1995, p. 1.

② 之所以称之为"怀疑时代"，是因为密里本德从 1989 年就计划开始研究社会主义问题，但 1991 年的苏联解体、东欧剧变影响了他对于社会主义的思考，中间被迫停止了思考与写作，直到 1994 年才完成了艰苦的理论研究工作，并出版了名为《怀疑时代的社会主义》的著作。后人称此书为密里本德的政治遗嘱。

③ 在密里本德看来，社会主义和共产主义是两个不同的概念。他在《怀疑时代的社会主义》一书中将苏联模式的社会主义称作苏联共产主义，并将苏联东欧的社会主义制度统称为共产主义政权（Communist regimes）。

④ 参见［英］拉尔夫·密里本德《马克思主义与政治学》，黄子都译，商务印书馆 1984 年版，第 165 页。

密里本德看来，改革也是一种革命。他指出，革命具有双重含义：一方面，"革命"通常被理解为推翻现有的国家以及社会秩序的变革，这种观点不反对以改革为目的的斗争，而只是把它看作夺取政权的准备；另一方面，它表示积累大量的、持续的和激进的改革，以此带来社会秩序的革命性转变。因此，密里本德认为，在现有的资本主义制度下，社会主义的实现需要一种全面的改革，"这样做没有任何对斗争重要性和价值的贬低，而是指明社会主义的实现可以在直接的和有限的改革中进行"[①]。总之，在密里本德看来，社会主义在资本主义国家的实现并不是"乌托邦"，而是充满了可能性。

第一节 "新社会主义"图景

密里本德对未来社会主义的新构想出于两个方面的考虑。一是发达资本主义无法解决自身产生的问题。虽然第二次世界大战后资本主义取得长足的发展，并表现出勃勃生机，但就其本质而言，它依然有无法克服的矛盾和弊端。因此，资本主义必然要被社会主义取代。二是对苏联共产主义的反思。20 世纪 90 年代初，苏联的轰然倒塌标志着始于 1917 年的布尔什维克政权的结束，同时也加深了人们对社会主义的质疑。西方社会不少人曾经认为它是代替资本主义的最后选择，但现实粉碎了人们建设社会主义的信心和热情。密里本德在揭示资本主义弊端并反思苏联共产主义和社会主义的相关性中，提出了自己的社会主义构想。

一 揭示发达资本主义的矛盾和弊端

密里本德指出，马克思的一生都致力于从不同方面揭露资本主

---

① 参见 Ralph Miliband, *Socialism for a Sceptical Age*, London：Polity Press, 1994, p. 126。

义的矛盾和弊端，进而唤起被压迫人民的阶级意识，促使他们建立共产主义社会以获得自身的解放。但是，社会主义的实践并非一帆风顺。苏联解体、东欧剧变引发了人们对马克思主义的质疑。与此同时，资本主义的发展也加重了这种质疑声。但密里本德认为，不论资本主义表现出怎样的繁荣和勃勃生机，它依然有无法克服的矛盾和弊端。

在密里本德看来，虽然马克思和恩格斯对资本主义的生产力和创新能力做出了极高的评价，并且做出了"两个必然"和"两个绝不会"的重要论断，但他们没有预见到资本主义是如此的强大，充满生命力，以至于今日他们关于资本主义必然灭亡的论断看似只是预言。甚至由于资本主义在自身矛盾的重压下并未崩溃，反倒不断呈现出新的活力而使马克思主义遭受不断的攻击。面对上述困境，密里本德指出，当代资本主义的生机勃勃无法掩盖其自身的矛盾。这突出表现为"资本主义巨大生产能力的致命缺陷无法保证它可以善意地使用资源。生产力量控制下的发展和工薪阶层面对的日常现实之间的矛盾仍然是基本的"①。

除了资本主义自身的矛盾，资本主义的弊端也在当代社会中暴露无遗。密里本德指出，资本主义的发展建立在充分利用资源的基础上。但同时，资本主义也成为合理利用资源的一大束缚。虽然发达资本主义国家中绝大多数人的生活条件得到了改善，但这种改善由于资本主义制度的存在而大打折扣。因此，密里本德认为，关键是改变阻碍资源正确使用的体制，并去除这一约束。他进一步指出，资本主义依靠统治和剥削而发展，这就从根本上决定了资本主义社会是极其不道德的社会。在密里本德看来，当代资本主义最大的弊端就是经济发展和道德之间的失衡。按照他的理解，资本主义

---

① Ralph Miliband, *Socialism for a Sceptical Age*, London: Polity Press, 1994, p. 12.

的物质生活和道德生活之间一直存在明显的不平衡。即便在最富有的资本主义国家,也有大量的人口处于极度贫困的状态中。对这个社会中的绝大多数人来说,贫穷、无家可归和绝望仍然是一个极大的困扰。在追求私人利益的体制范围内,它非但没有消失,反而变得更加糟糕。它成为吸毒和犯罪的沃土,并且越来越成为人们一种普遍的生活方式。此外,消费主义的盛行加剧了这个问题。因此,密里本德认为资本主义制度虽然带来了表面上的物质利益,但就整个社会的道德水平而言,是极为低下的。鉴于此,他主张要用社会主义代替资本主义。但他设想的社会主义并非是苏联模式的社会主义。

二 反思苏联模式社会主义

作为社会主义从理论到实践的第一个"现实存在的社会主义",苏联从建立到解体,一直是马克思主义内部争论的焦点。尤其是1956年赫鲁晓夫对斯大林和斯大林主义的激烈批判,引起了社会主义阵营的混乱,引发了西方左翼学者对苏联模式社会主义的广泛关注和评论。受苏共二十大的影响,西方共产党内部也发生了共产主义危机。英国共产党中掀起了大批知识分子离去的浪潮。丹麦共产党在领袖阿克塞尔·拉尔森的带领下另立新党。法共议员及一些知识分子也离开了法国共产党。在这一过程中,西方马克思主义者对苏联的批判主要集中在两点。一是直接批评苏联模式的社会主义存在的问题;二是提出俄国的革命道路不适合西方,西方的革命要探索自己的道路。当然他们并不完全否定苏联模式的社会主义,在这些批评中也包含了对它的一些肯定。鉴于人们对苏联共产主义的评价褒贬不一。密里本德全面分析了西方学者对于苏联共产主义的正反两方面态度后,表明了自己的立场和态度。他认为,苏联共产主义并不是真正的社会主义,斯大林模式一些固有的特点违背了马克思主义关于社会主义的原则性规定，这种背离恰恰对后人如何界定并建立一种真正的社会主义具有重要意义。

（一）关于西方左翼对苏联模式社会主义的分析

密里本德认为，西方左翼一直以来接受的教育就是共产主义必然替代资本主义。苏联政权的建立和发展似乎也为这一必然性提供了一个具体而实在的证明，即"一个更好的、完全不同于资本主义的社会不仅在遥远的未来是可能实现，而且实际上正在建立之中"①。

但社会民主党中的一些人始终认为苏联共产主义背离了马克思主义所讲的社会主义，它并不是真正意义上的社会主义。因此，马克思主义阵营内部出现了巨大的分裂：从20世纪20年代开始，托洛茨基及其追随者就开始不断地反对背叛革命的苏联共产主义；一些西方国家的共产党对苏联不再抱有幻想。当然这些人也被苏联强大的宣传机器谴责为反革命，他们对苏联的批评客观上使自己与资本主义、帝国主义和法西斯主义站在同一战线上。

1953年斯大林逝世后，遭到了赫鲁晓夫的清算，从而把西方左翼对苏联模式社会主义的批判推向高潮。当时，卢卡奇、柯尔施和赖特等人从不同的角度批判苏联的模式。卢卡奇认为斯大林在和平时期滥用专政，压制民主，这不是他个人品质和作风问题，而是苏联的社会制度存在问题。卢卡奇还针对苏联占领捷克等事件做了评论，认为苏联的行为是一种霸权主义，不利于社会主义国家间的友好相处局面。柯尔施就革命主体的问题对苏联进行批评。在他看来，无产阶级是社会主义革命和建设的主体，但是布尔什维克党却把无产阶级变成了革命的客体，没有充分发挥无产阶级应有的作用。赖特认为苏联之所以出现政治上的独裁，原因在于政治上的不民主，根本的解决方法就是政治民主化。

---

① Ralph Miliband, *Socialism for a Sceptical Age*, London: Polity Press, 1994, p. 43.

密里本德指出，也有一些人根据苏联在经济和军事上取得的伟大成就，"二战"期间对战胜纳粹德国起到的决定性作用，以及个人对于资本主义的敌意，仍然坚定地支持苏联共产主义。即便1956年赫鲁晓夫在苏共二十大上的"秘密演讲"引起了人们对于苏联模式社会主义的质疑，狂热的苏联共产主义政权的支持者和左翼仍然乐观地认为无论苏联共产主义政权存在什么问题，从长期看都是可以补救的。苏联共产主义政权尝试的各种改革更是强化了人们的这种乐观情绪。

（二）对苏联模式社会主义特征的分析

密里本德认为，不同的共产主义政权之间尽管有许多差异，但它们都有一个共享的"模式"。这一模式的特点可以归纳为以下三点：

第一，高度集中的计划经济体制。许多共产主义政权都有一个全面系统的、详细的经济规划，而且这些经济大都归国家所有，处于国家的控制之下。虽然这些国家允许市场和价格的存在，但它们在经济中只能扮演边缘的角色。即便1953年斯大林去世后的几十年里，苏联做出了许多减少"模式"僵化的努力，但经济方面的主要特点保留了下来。第二，政治上高度集权。不同于列宁，斯大林一个人掌握着绝对的权力。第三，思想上严密控制。同时，这些国家都培养了一种个人崇拜，并达到了相当特别的和难以理解的规模。一方面，斯大林把"党"神圣化，用近乎宗教上的措辞来谈论"党"，并把"党"的统一看成绝对神圣不可侵犯的。就"党"实际意味着是它的最高领导人而言，这是"个人崇拜"的一部分。另一方面，它要求人们无条件接受上面指示的任何路线、方针、政策，不管这些指示同之前的指示是否存在矛盾。

密里本德认为，上述"模式"是斯大林时代最极端的形式，也是导致苏联解体和东欧剧变的内在原因。它们并不能成为社会主义的一般特征。至于究竟什么是社会主义，西方左翼仍然没有统一的认识和规定。

（三）密里本德对苏联模式社会主义的质疑

对于苏联共产主义，密里本德提出了两个疑问。其一，苏联共产主义在多大程度上可以称作马克思主义的产物？其二，苏联共产主义和社会主义是什么关系？他的观点是，苏联的共产主义背离了马克思主义，它也不是传统意义上的社会主义。

首先，马克思主义是极其反对专制和个人崇拜的。密里本德认为，真正的马克思主义是否定专制和个人崇拜的。因为在马克思主义经典著作中并没有发现任何关于既有的共产主义政权特点的表述，比如通过极权和专制国家对社会的统治，以及马克思和恩格斯所蔑视的那种个人崇拜。其次，在国家和社会的关系问题上，密里本德认为，马克思的核心思想是，在社会主义条件下，国家严格地从属于社会。而恩格斯的预判是，紧随社会主义改革之后的是国家的"消亡"。最后，马克思和恩格斯认为共同所有权是一个社会主义社会的重要基础。他们没有明确提出经济的组织、控制和管理的权力应该赋予一个无所不能的、把自己的意志强加给生产者和其他人的国家。相反，在马克思那里，社会主义经济的基础是由"生产者的自由联合"组成的。

虽然苏联政权领导人声称他们忠于马克思和恩格斯，但他们的忠诚值得质疑。因为"这些政权产生的修辞和宣传是用精心挑选的马克思主义术语表达的；他们的实践相当于对马克思主义的彻底否定"①。密里本德认为，形成上述实践的决定性条件来自布尔什维克和后来其他地方的共产主义政权产生的条件。首先，它们产生在极端的危机、混乱、战争和内战、外国干预、人口的巨大损失和巨大

---

① Ralph Miliband, *Socialism for a Sceptical Age*, London: Polity Press, 1994, p. 49.

的物质破坏的条件下。其次，无论是内部产生的还是外部强加的条件，革命性的变化往往发生在经济发展水平较低的国家。换言之，这些国家没有一个成熟的工业基础，新政权必须先经历一个发展经济的艰苦过程。最后，它们处于一种不利的政治环境中：除了捷克斯洛伐克，这些国家此前都遭受不同类型的独裁政权统治，要么是殖民统治，要么是本土统治。鉴于此，许多新生政权缺乏合理性，他们不得不接受苏联强加的社会主义建设模式。

综合上述分析，密里本德认为，从苏联本身讲，不利的国内条件有助于加强斯大林"模式"的统治。其他国家的领导人在斯大林主义思想和实践的教育之下，很容易采用这一"模式"。在这些不利条件下，专制和压制异议就顺理成章地成为他们治理国家的合法方式。因此，对于在非常不利的情况下寻求革命性变化的领导人来说，苏联模式社会主义非常具有吸引力。事实上他们也很快转向了这一模式：古巴革命是这种演变最显著的例子，其他实例可以在采用了"马克思列宁主义"的非洲政权中找到。

三 未来社会主义的核心命题

马克思主义的崇高政治理想是实现共产主义。在客观认识人类社会发展规律的基础上，马克思主义确信共产主义是未来人类社会发展的必然趋势，但马克思主义经典作家并未对共产主义社会的细节做过多的论述，而是指明了共产主义社会的一般特征。他们认为，共产主义社会分为两个阶段，一是共产主义社会的初级阶段，也就是一般意义上的社会主义社会。二是共产主义社会的高级阶段。什么是共产主义社会的基本特征，马克思主义经典作家认为有以下几个特征：一是生产资料的全民所有制；二是实行"各尽所能，按需分配"的原则；三是消灭三大差别；四是消灭阶级和国家消亡；五是个人的全面自由发展。除了上述特征，未来社会还应该

是平等的，这种平等涉及经济、政治和社会各个方面。"平等应当
不仅仅是表面的，不仅在国家的领域中实行，它还应当是实际的，
还应当在社会的、经济的领域中实行。"① 马克思和恩格斯在论述未
来社会的发展时，还强调："我们对未来非资本主义社会区别于现
代社会的特征的看法，是从历史事实和发展过程中得出的确切结
论；不结合这些事实和过程去加以阐明，就没有任何理论价值和实
际价值。"② 密里本德在批判资本主义和评析苏联模式社会主义的基
础上，对什么是真正的社会主义进行了深入思考，并试图系统化地
表述什么样的国家才是新的社会主义政治应当指向的目标。他首先
对西方学者熊彼特在《资本主义、社会主义和民主》一书中对社会
主义制度的定义做了反驳。熊彼特认为，社会主义社会是人们指定
的一个制度模式。在那里，社会的经济事务属于公共领域而不是私
人领域。③ 由此，熊彼特推断，虽然一个社会是由一个专制的统治
者领导或被最民主的方式组织起来，它仍然可能完全是并真正是社
会主义的，但同时它也可能是贵族的或无产阶级的。密里本德认
为，熊彼特将这种"中央集权的社会主义"看作一种专制太过狭
隘，他的观点是一个虚假的断言。

　　在密里本德看来，熊彼特的分析代表了西方学者的普遍观点，
但这与大多数的社会主义思想完全相反。虽然关于社会主义的看法
多种多样，彼此之间也存在分歧甚至斗争，但社会主义自身包含一
定的核心命题。人们可以根据大多数社会主义者的共识去合理地定
义社会主义。由此，人们就可以认识到社会主义并不具备"根本上
完美的功能"，也就避免了人们在定义社会主义时完全无根据的任
意性，更加能够回击那种认为社会主义是一个模糊的术语以至于它

---

① 《马克思恩格斯文集》第9卷，人民出版社2009年版，第112页。
② 《马克思恩格斯文集》第10卷，人民出版社2009年版，第548页。
③ 参见 Ralph Miliband, *Socialism for a Sceptical Age*, London: Polity Press, 1994, p. 51。

似乎毫无意义的观点。在密里本德看来，社会主义有三个重要的相互之间彼此依存的核心命题或主题，即民主、平等和社会化的经济。这三者意味着"最终定义社会主义的方法的终结，也就是和基于统治和剥削的社会相比，获得更大程度的社会和谐"①。

（一）民主

在密里本德看来，社会主义首先是来自下层的民众为了扩大民主权力所施加的一系列压力的结果。民主运动先于社会主义，但只有社会主义才能给民主以全部的意义。资本主义民主是一个自相矛盾的概念，它的民主形式因受到资本主义制度的影响而遭到致命的损害。因此，资本主义社会中的民主的概念已经大大缩小其范围和本质，这样才能减少它对既有权力和特权的威胁。而社会主义致力于扩大民主的内涵，并试图赋予公民权和大众主权以真正的意义。因为社会主义民主要求包含和遍及社会秩序的所有方面，但这在资本主义社会是不大可能实现的。因此，社会主义民主远远优于资本主义社会的普选、定期选举、政治权利和民主。

正因如此，在密里本德看来，没有民主的社会主义是对真正社会主义的曲解。他以苏联为例做了进一步说明。布尔什维克革命开始的时候，很多的国际劳工和社会主义运动的领袖人物就对布尔什维克极权统治心存不满。卡尔·考茨基写道："没有民主的社会主义是不可思议的。我们把现代社会主义不仅理解为社会化的组织生产，而且理解为民主的组织社会。根据这个理解，对我们来说，社会主义和民主是不可分割地联系在一起的。没有民主，就没有社会主义。"② 罗莎·卢森堡在赞扬布尔什维克敢于夺取政权的同时也尖锐地批评苏联对公民自由的镇压。在她看来，所谓的自由只是针对政府的拥护者而言的。根据密里本德对社会主义的理解，苏联共产

---

① Ralph Miliband, *Socialism for a Sceptical Age*, London: Polity Press, 1994, p. 57.
② 王学东编:《考茨基文选》，人民出版社 2008 年版，第 326 页。

主义实际上否定了民主。虽然苏联共产主义在经济方面实现了经济活动主要手段的公有制，但如果没有民主，它就只相当于专制的集体主义。这些政权也不能称作是平等的，因为"它们创造了一种权力和特权的结构，嘲弄了平等条件的概念"①。

　　然而，民主是什么，是否可以理解为多数人的统治，是否在一个更广泛的意义上把它作为大众权力有效行使？密里本德认为，讨论民主的含义首先要明确民主和异议的关系，因为民主和对异议的镇压密切相关。在他看来，不仅是社会主义国家，而且对于资本主义国家中大多数人支持的权力所有者而言，在一些异议产生的特定问题上是不可以接受的。密里本德以美国为例进行了阐释。1945 年之后，美国政府参与了对国内共产党和一些左翼的骚扰和迫害，并在 20 世纪 50 年代初演变成麦卡锡主义迫害。除了它的发起者和参与者，大多数普通人在这场政治迫害中也是持默许态度的，甚至是支持它的。虽然政治迫害是由中央政府、区域和地方政府中的权力持有者以及整个社会中的权力持有者（例如，大学校长、托管人和管理员、好莱坞大亨、新闻报纸业主）完成的，但整个国家都受到了大规模宣传的影响，人们受国家和各种传播手段的指挥，相信美国处于共产主义阴谋的危险中。随着大多数人对这一观点的认可，骚扰和迫害突破了一国的界限成为所有资本主义民主国家在冷战时代政治的一部分。

　　密里本德指出，不论是社会主义民主还是资本主义民主，所有的民主政权都会强加给异议某些限制，比如集会和政治活动的权利，只不过关键的差别在于对异议的限制以及对国家和社会中的权力所有者的限制有多大，限制的效果如何。同资本主义民主相比，社会主义民主才是真正的民主。

---

① Ralph Miliband, *Socialism for a Sceptical Age*, London: Polity Press, 1994, p. 57.

（二）平等

密里本德指出，社会主义第二个核心命题是和民主密切相关的平等。虽然资本主义标榜自由、平等、博爱，但真正的自由和平等只有在社会主义制度下才能实现。关于公平和平等问题，马克思在《德意志意识形态》中就明确指出，"在考察历史进程时，如果把统治阶级的思想和统治阶级本身分割开来，使这些思想独立化，如果不顾生产这些思想的条件和它们的生产者而硬说该时代占统治地位的是这些或那些思想"①，那就会认为"在资产阶级统治时期占统治地位的概念则是自由、平等，等等"②。这就会在很大程度上掩盖统治阶级"赋予自己的思想以普遍的形式，把它们描绘成唯一合乎理性的、有普遍意义的思想"③，并且"为了达到自己的目的而不得不把自己的利益说成是全体成员的共同利益"④。密里本德认为，资本主义社会中"精英统治的"社会秩序看似使通往"上层"的活动变得更加容易，但在分化的社会中设置了许多障碍，"机会平等"仍然是一个口号，而非事实。正因如此，密里本德强调社会主义社会应该是平等的。当然他所谓的平等是一种粗略的平等主义思想，换言之，它虽然不是完全的平等，却寻求减少生活中每一个领域的主要不平等，即减少社会中经济、社会、政治和文化分裂。权力不再掌握在少数人手中，而是分配给整个社会，它是广泛意义上的平均。即使"在任何情况下……处于基于阶级、性别、种族的不利条件下的人们不应该再遭受歧视，而是应该能够充分利用他们的能力"⑤。

---

① 《马克思恩格斯文集》第 1 卷，人民出版社 2009 年版，第 552 页。

② 同上。

③ 同上。

④ 同上。

⑤ Ralph Miliband, *Socialism for a Sceptical Age*, London：Polity Press, 1994, p.54.

（三）社会化的经济

在密里本德看来，社会化的经济不仅是实现民主、平等的社会秩序的一个必要手段，也是社会主义的核心命题之一。虽然社会化一直都是社会民主作家和领导人存有争议的对象，在实际的政治生活中被边缘化，成为不断被谴责、嘲笑的对象，但经济主导部分的社会化是实现民主和平等的必要条件。因此，经济的"制高点"，必须在各种形式的公有或社会所有权的控制和管理之下。他还强调，在社会主义条件下，真正的问题不在于经济生活主要部分的社会化是不是社会主义的本质意义的一部分，而在于在跨国资本主义条件下，如何实现它。

密里本德认为，上述三个命题相互交织在一起，具有同样重要的地位。因为在他看来，实现真正的公民权的条件是要具有大致的平等。如果没有经济主导部分的社会化，这样的大致平等是不可能的。同样，根据苏联的教训，没有民主的公有制有可能导致极权主义国家的出现。密里本德还发现，在资本主义社会中，只有第三个命题遭到强烈而又明确的拒绝。实现社会化的经济是一个复杂的事业。许多左翼赞同社会主义是民主的和平等的，而一旦涉及社会化的经济时，他们往往噤若寒蝉。因为许多左翼混淆了国有化和社会化的概念。在他们看来，国有化容易让人联想到中央集权主义、官僚主义等弊端。

四 作为过程的社会主义

对社会主义的理解历来众说纷纭。有些人认为它是一种社会制度，但也有些人将其看作一种超越资本主义的历史过程。在西方左翼阵营出现过许多未来社会主义的构想。早期具有代表性的社会主义构想有柯尔施的实践社会主义和马尔库塞的自由社会主义等。在苏联解体后，关于未来社会主义向何处去，成为学者们重点关注的问题。20 世纪 90 年代以来,施韦卡特提出"经济民主的"市场社会主义,彼得·德鲁克构建了"后资本主义社会",海因兹·迪德里齐把对未来社会的设想称为"新的历史蓝图"。从他们对未来社会主义的描绘来看,苏联解体、东欧剧变并非意味着历史的终结,资本主义社会并非人类生存的理想社会,相反它的本质缺陷决定了社会主义仍然是资本主义的唯一替代。

就密里本德而言,他对发达资本主义国家和阶级状况的分析,目的在于探索资本主义社会的替代方案。从他的论述中,我们发现他倾向于将社会主义理解为一个历史过程。在其遗著《怀疑时代的社会主义》开篇,他就指出,"就我而言,我认为社会主义作为一种新的社会秩序,其实现是一个延伸到许多代的过程"[1]。在他看来,社会主义既是对资本主义社会秩序的延伸,又是对它的超越。由于社会主义必须建立在不断的斗争而取得的社会政治进步基础上,所以它不是一代人就能实现的目标,而是一个需要许多代人为之奋斗的长期过程。密里本德的目标是构建民主的、由工人阶级领导的社会主义。

在密里本德看来,关于如何实现社会主义,马克思和恩格斯认为主要的方式是暴力革命。在他们看来,革命的必要性不仅因为"没有任何其他的办法能够推翻统治阶级,而且还因为推翻统治阶级的那个阶级,只有在革命中才能抛掉自己身上的一切陈旧的肮脏东西,才能胜任重建社会的工作"[2]。密里本德指出,关键的问题不在于革命是不是实现一个新的社会秩序的唯一的方法,而是在于它是否能解决原有社会的弊端。在独裁政权中,革命很可能是必需的,而且它可以开辟一条其他方式没有办法完成的巨大进步的道路。但革命往往伴随着激烈的抵抗,它引起的混乱和痛苦极大地影

---

① Ralph Miliband, *Socialism for a Sceptical Age*, London:Polity Press, 1994, p. 3.
② 《马克思恩格斯文集》第 1 卷,人民出版社 2009 年版,第 543 页。

响了革命救赎的质量，并且产生深刻的负面影响。对于这一点，马克思在 1875 年的《哥达纲领批判》中提到，许多"缺陷"在刚刚脱胎于资本主义社会的共产主义第一阶段是不可避免的。很显然，单纯依靠革命的方式清除历史遗留的问题是不够的，还需要运用许多其他的方式。因此，要对暴力革命的方式有一个清醒的认识。同中短期可以实现的社会变革目标相比，诸如合作、平等主义、民主和社会性等价值标准组成的长期目标只有经过很多代人的培养才能形成，这也就是为什么长远的目标对人们没有吸引力，他们更倾向于短期可以实现的目标。革命性的剧变恰可以在中短期内实现一定的目标，这也就是为什么很多人倾向于采用暴力革命实现社会变革。

密里本德指出，在超越资本主义的现实斗争中，不断出现新的问题。其中最大的问题就是对资本主义社会的基础进行变革是一个长期复杂的过程，工人阶级必须经过长期的斗争，逐步完成。也就是说，即使革命性的剧变是必要的，将革命的承诺变为现实仍然困难重重，是一个持续不断的过程。这在很大程度上是由作为生产方式的资本主义的性质决定的。早期的生产方式在特定的历史情况下可以由法律宣布最终结束。比如俄国的农奴制结束于 1861 年沙皇颁布的法令。就社会主义本身而言，其基本目标是废除雇佣劳动，显然这种废除并不是一个简单的问题。在密里本德看来，基于剥削的生产关系是，"远非可以忽略不计的私有部分，它在很长一段时间内将继续伴随在公共部门左右，并且免于它的影响"①。也就是说，私营部门会受到严格的管理，剥削因此会有所缓和，但不会被废除。

由此，社会主义一直处于资本主义的矛盾中，在社会的组织和

---

① Ralph Miliband, *Socialism for a Sceptical Age*, London: Polity Press, 1994, p. 67.

管理中不得不面临着这样一个事实："习惯和传统被委以信仰和古老的偏见，继承了思想和行为的模式，形成现实情况的一个顽固部分。"① 正因为每一个社会都是一个极其复杂的整体，所以在不同的社会发展阶段必须要全面考虑它的历史及复杂性。鉴于它们也曾是来自下层的激烈斗争的结果，所以社会主义不能完全拒绝和摆脱存在多年的既有的资本主义社会秩序。社会主义既是一个新的社会秩序，也是一个连续性和非连续性的综合。因为它既植根于当下的现实，又要不断努力超越它。因此在密里本德看来，从资本主义的束缚下解放出来，建立社会主义社会是一个长期的过程。

第二节　通过社会改革实现"新社会主义"

关于如何在发达资本主义国家实现社会主义，密里本德倾向于改良的策略。在他看来，发达资本主义国家多年推行的政治社会化使资本主义价值观深入人心。虽然暴力革命的方式可以在短期内实现社会的变革，但这种变革不够彻底，社会主义目标的最终实现仍然困难重重。因为它仍然遭受新生政权内外敌人的敌视和反对。密里本德因此主张改良的策略。他指出，采纳改良并将之实行到底就"一定会导致在公民生活各个方面极大地扩大民主，也就会在相当程度上改变国家的性质和现存的资产阶级民主形式"②。改良的策略在密里本德那里就是社会改革，通过上层建筑和经济基础的结构改革建立一个以民主为基础的社会主义。具体而言，这种结构改革分为两个方面。就上层建筑层面而言，一要实行"民主机制"的改革。只有从国家制度的改革开始，将参与式民主与代议制民主结合

① Ralph Miliband, *Socialism for a Sceptical Age*, London: Polity Press, 1994, p. 68.
② ［英］拉尔夫·密里本德：《马克思主义与政治学》，黄子都译，商务印书馆1984年版，第200页。

起来，控制传播领域，才能避免资本主义式的寡头政治，建立真正的社会主义民主。二要以教育改革为主要途径促进平等的实现。就经济基础层面而言，发展混合经济，扩大社会化经济的比例。

一 "民主机制"的改革

在西方学者中，有许多马克思主义者也相信社会主义必须是民主的，但密里本德关于民主的贡献是独一无二的。在他毕生的研究中民主始终是核心问题，他一直在寻求社会主义和民主之间的融合。在学术生涯的早期，密里本德更多的关注焦点是阶级和国家问题，但是苏联入侵捷克斯洛伐克使他的思想发生转变，认为资本主义民主社会比"专制社会主义社会好"。他开始更多地思考民主问题。到1989年时，民主问题在密里本德心中变得越来越重要，处于中心地位。在他看来，苏联之所以陷入危机是因为缺乏民主。于是，密里本德强调要将民主作为社会主义的基本命题之一。因此，在朝着社会主义方向的改革中，他针对"民主机制"提出了一系列的改革措施。

（一）改革国家组织机构

密里本德指出，同资本主义民主相比，社会主义民主最大的特点是它普遍存在于生活的所有领域。关于如何实现社会主义民主，他认为首先应该从国家系统的民主化入手。具体而言，就是从国家组织机构和社会变革运动两个方面推进社会主义民主政治所需的制度改革。

在密里本德看来，国家系统民主化改革首先要确保它是在宪法和法律的框架内进行的，以此对行政权力施以约束，防止行政权力过度膨胀。在激进的改革过程中，矛盾的权力之间会不断爆发冲突，特别是私人财产的权利和公共利益的要求之间。工人阶级运动成为争取民主权利斗争的核心力量，社会主义政府试图把斗争引向反对与公共政策和权力相违背的私有业主的权利。很明显，这样做的后果是公共政策的要求被任意调用。但是，社会主义民主会认识到法律程序的重要性。因此，在社会主义社会并不会因为阶级对立消失，而将法律弃之不顾。其次社会主义民主的一系列改革依靠一个强有力的社会主义政府。在密里本德看来，20世纪充满了压抑和专制统治。社会主义者要有对抗强势政权的心理准备，而找到既强大又可以被限制的行政权力就成为首要目标。历史已经表明资本主义民主不可能完成上述任务，而社会主义民主却可以用自己的方式去寻求融合之道，即建立一个民主的社会主义政府。密里本德认为，在资本主义国家和政治体制中实现社会主义民主需要以下几个方面的努力：

第一，社会主义政权要实行三权分立，并且首先推进司法改革。在自由主义理论中，对国家权力的限制依靠行政、立法和司法的三权分立。在实践中，这样的分权也成为财产和特权有效的保护伞。因此，三权分立是资本主义政权的基本特征。密里本德认为，如果社会主义国家具有足够强大的意识形态一致性，那么把三权分立移植进来，在它们之间形成一个紧张的关系，就可以在不破坏政府权力的前提下限制它。同时，社会主义民主首要的是限制司法范围。他指出，资本主义国家的大部分的法官履行职责时，个人意志具有很大的决定作用，这往往会影响进步立法的确立。因此，在社会主义国家，毫无疑问要限制司法范围，因为至关重要的政策问题应该尽可能地通过民主程序来决定。任何情况下，在一个受法律限制的政治系统中，司法审查是一个必不可少的元素，它为纠正国家机关滥用权力提供了重要的途径。基于此，社会主义民主政治要推进司法改革。它既是其他后续改革的基础，也是内在民主进程的一部分。

第二，在官僚主义不可避免的情况下发展参与式民主。国家是有组织的，在很长一个时期内，它都包括大量的官员。而"参与式民主"的一个主要目的就是使"普通民众"和民间组织接管一些由官员来执行的功能，从而有效诠释自治的概念，这在社会主义议程中具有很高的位置。因为那种认为未来官僚主义可以取消，国家及其官僚机构会消亡的观点是不切实际的。

密里本德指出，就现实而言，不论出于何种原因，左翼和右翼都不可避免地使用"官僚主义"这个术语。右翼并没有因为官僚机构固有的低效和不必要的侵入性而对它有所抵触，相反，他们认为官僚主义是人们在生活中对抗国家干涉的有力武器。所以，国家按照马克斯·韦伯所说的"官僚主义"线路运行，那种认为国家不受官僚主义影响的看法是对现实的歪曲。和右翼的态度大为不同，左翼认为官僚主义违背了民主原则。一方面，共产主义政权的经验强化了左翼对官僚主义的反抗；另一方面，无所不包和愈演愈烈的官僚主义挫败了十月革命所做的承诺。[①] 因此，再温和的官僚主义在普通民众看来无外乎是傲慢的、效率低下的。总之，左翼对官僚主义充满了敌意。但是，密里本德也指出，左翼这种对官僚主义完全负面的看法忽略了一点：在民主的环境下，支配官僚主义规则的程度可以限制专断的权力而非加强它。在当代国家，官僚主义仍是不可避免的一部分，真正的问题在于如何使用自己的权力实现民主。

第三，一定程度的权力下放。密里本德认为，社会主义政权要支持权力下放，因为地方政府在许多问题上都比中央政府能更好地代表自身的利益和愿望。但密里本德指出，这样的权力下放并不等同于政治民主。尽管增加了大量的国家公职人员，但是并没有显著加强"参与式民主"。而且这样的分权也在中央和地方之间造成了不少矛盾，尤其是在医疗、教育设施、环境保护等问题上，地方政

---

① 参见 Ralph Miliband, *Socialism for a Sceptical Age*, London: Polity Press, 1994, p. 78。

府会根据特定地方和地区的要求来调整国家政策。所以,问题的关键在于平衡中央权力和地方权力,中央权力要适度下放给地方。

第四,反对个人主义。在密里本德看来,不论资本主义社会中的国家是总统制还是议会制,电视和报纸往往主导着政治世界,要想使选举成功,就避免不了把一些人置于领导的地位,这种个性化比以往任何时候都要显得更加突出。但是,社会主义民主对赋予个人手中巨大的行政权力有着一种既有的偏见,认为"这样的权力集中意味着重大决策不向内部小圈子之外的人寻求咨询"①。社会主义民主政权要能够谨记集体领导的原则,并确保个人不会拥有过多权力。社会主义民主会建立一种政治环境,在这个环境中巨大的个人权力会被视作一种不当的危险特权。任何对个人主义的崇尚对民主的价值观而言都是不可接受的一种偏离。

第五,限制政府权力。密里本德提出的这条改革建议实际回答了如何对待立法与行政的关系的问题。如果社会主义政府努力推进改革取得成功,那么它将会得到议会多数的支持,并且还会控制好立法计划和日程。然而,这并不意味着立法部门就是一个服从政府调整的部门。因为从普遍意义上讲,大多数人的看法和观点不同,尤其在一个联盟里存在不同的政党和分组时,这种多样性更会被扩大。在社会主义民主政治中立法机关及其专家委员会需要足够的权力并与行政机构构成政府不能忽视的结合点,拒绝立法和执行的分离是不现实的。所以,社会主义民主国家需要一个强有力的政府和立法的集合体,才能够有效地管理政府。

第六,关于选举制度。密里本德认为,大选中投票的精确度反映了国民大会的强弱。因此,以最高票者当选的选举制度并不能说服人,因为它嘲弄了代表的精确度:发达资本主义国家的政府在少

---

① Ralph Miliband, *Socialism for a Sceptical Age*, London: Polity Press, 1994, p. 81.

数选民的支持下当选，然后将完整的统治权力给予更少数的选民。而社会主义民主政府所施行的选举制度，需要在选票和议会席位之间确保高度的一致性，恪守严格的代表比例制度，倾向于允许小党派以完全不影响大系统比例的数量存在于脆弱的联合政府中，进而构成完美的一致性。但在最高票者当选的制度和恪守严格的代表比例的制度之间应有一个宽泛的选择空间，在一定程度上相互消除两者不民主的地方。

(二)"融合"代议制民主与参与式民主

密里本德认为上述几个方面的改革对于推进国家体制的民主化有着重要意义，但它仍然有导致寡头政治的危险，因为这几个方面的改革仍然是在代议制民主制度的前提下进行的，人们对公共事务和决策制定的参与依然相当有限，"尤其是对很多受到'1968'精神影响的人们来说，普选条件下的'代议制民主'太过严苛"①。在政治实践中，采取代议制民主意味着把大众从决策过程中排除出去，政治活动主要由那些擅长妥协，以及有腐败倾向的专业人员从事，造成代表和被代表的人之间产生巨大的距离。因此，密里本德提出要引入参与式民主。同时，他也指出，问题的关键并不在于参与式民主或代议制民主本身，而是参与式民主能够解决代议制民主的弊端。

在古典民主理论中，参与主要是指参与设计好的选择代表过程。参与式民主意味着直接的民主，它不依靠任何中介机构，或者是由所有机构来控制的代议制民主。而代表制本身存在于组织机构内部中，不限于当地水平如何，在代表与被代表之间代表制还是存在差别的。很明显，代议制民主和参与式民主之间存在差别，那么二者在结合时要解决两个问题：第一，如何缩减二者距离？第二，

---

① Ralph Miliband, *Socialism for a Sceptical Age*, London: Polity Press, 1994, p. 89.

如何把代议制民主与参与式民主制融合起来？

密里本德认为，讨论上述两个问题的前提是区分两类不同性质的机构。一是所谓的官方部分，比如政府机构、议会、地方区域的团体等；二是所谓的公民部分，比如不同的政党、工会、协会、俱乐部和志愿机构等。

就官方部分而言，有效的参与意味着借助前面提到的各种策略，增进代表的忠诚度和责任心，同时还要在决策过程中扮演对公民机构明确的咨询顾问的角色。这与地方和区域政府有着特别相似之处，但显然它的应用范围更广。但事实上，社会主义民主政治鼓励尽可能多地将责任权力下放给基层的公民协会，以使民众有效地参与教育机构、卫生设施、住房协会和其他与生活息息相关的部门。

就公民部分而言，它的权力扩展至整个社会范围，并与社会中的各种利益都产生联系。列宁指出，"民主共和制是资本主义所能采用的最好的政治外壳，所以资本一掌握这个最好的外壳，就能十分巩固十分可靠地确立自己的权力，以致在资产阶级民主共和国中，无论人员、无论机构、无论政党的任何更换，都不会使这个权力动摇"[①]。因为资本主义民主制度建立在资本主义剥削基础上，它始终受到限制，所以它始终是少数人的也就是资产阶级和富人的民主制度。密里本德抓住了资本主义民主的实质，在构建社会主义民主时，他指出，要大规模地扩大民主制度。不单是在国家组织中，连社会中那些控制主要资源的人所行使的权力都影响着大部分人的生活。在社会本身的组织状态中，大多数人的生活都会受到权力行使的影响。在社会主义民主政治中，权力将最大限度地掌握在人民手中。也就是说，民主会遍及整个社会，并会被视为社会组织秩序

① 《列宁选集》第 3 卷，人民出版社 2012 年版，第 120 页。

理所当然的组成部分，这可以减弱公共部门、工会、政党、协会和私人的权力，甚至可以减少国家和经济企业中无所不在的寡头政治的危害。

密里本德指出，社会主义民主政治的一个显著特征是有效的参与。参与是公民的一种权利，对于公民而言意义重大。但是，这一切从意图变为实际的进步，需要满足一定的前提条件。如果没有取得相应的条件，那么民主仍然会遭到致命的破坏。

（三）加强对大众传媒的民主管理

密里本德指出，社会主义民主的实现意味着既有的社会将经历一场彻底的变化。但是，替换流行于资本主义社会的民主模式，建立一个和社会主义民主目标与价值相一致的模式并非易事，尤其是在传播领域。在他看来，社会主义民主制度下的出版和传播自由既不是那种资本主义主导的规则，也不是共产主义政权中的政党垄断。他明确批评了苏联共产主义的做法：苏联共产党在布尔什维克夺取政权的第二天就颁布了苏联人民委员会第一号法令，赋予政府关闭所有对苏维埃政权持异议的报刊的权力。10 天后，苏维埃代表大会发布了由托洛茨基起草的决议，确认了该法令。随后，苏联加强对所有通信手段的控制，并以法律条文做出规定，如果没有党和国家的允许，任何言论的传播都是非法的。密里本德指出，苏联的这些做法违背了社会主义民主的原则。相比之下，资本主义民主在密里本德看来也并非真正的民主，而是一种寡头政治。

按照密里本德的理解，社会主义民主环境中对传播领域的控制应该包括三种不同的管理类型。其一，公共领域的管理。密里本德认为，高度自治的公共企业不仅可以控制大量的广播和电视，还可以管理大型的区域性和地方性的广播网。虽然资本主义国家也存在负责广播和电视的公共企业，但社会主义民主中的公共领域份额规模更大。其二，合作领域的管理。这包括对报纸杂志、当地电台、电视台、电影院、剧院、记者和其他媒体人、政党、工会、大学和其他机构的所有权和控制权。一般而言，这种所有权和控制权的规模是区域性的，有时甚至能达到国家级或国际级的规模水平。在通常情况下，这些合作企业不会依靠公共补贴，而是自筹经费。其三，严格限制个人或公司所有权的私人所有领域。① 密里本德认为，虽然资本主义民主国家对这样的所有权已经实行了一定的限制，但这些限制并不能阻止大公司继续拥有和操控大范围的通信手段。他以鲁珀特·默多克的通信帝国为例做了进一步的说明。默多克是英国的媒体巨头，拥有《太阳报》《泰晤士报》和《世界新闻报》，以及美国、澳大利亚和匈牙利一些报纸的所有权。而他所拥有的电视台使其通信帝国的范围扩展到了全世界的三分之二以上。

在密里本德看来，上述资本主义制度下的所有权和控制权在社会主义民主政治下是不会存在的。在社会主义国家，虽然个人也可以拥有报纸、杂志、电台、电视台、出版社、电影院或剧院，但任何个人或公司不可以拥有或控制多个这样的通信手段，这就使社会免受私人所有权和控制权的侵害。因此，一个真正民主的社会不应该赋予富人以极大的所有权和控制权。密里本德指出，地方、区域和国家（国际）的公共企业和合作企业的结合，以及限制私人所有权将能够实现一种更高程度的多元化，将赋予言论自由更丰富的含义。同时，它也会加强媒体在教育和启蒙方面的影响，并鼓励在公共事务中传播和讨论政治真理。简言之，社会主义民主使媒体从资本主义的束缚中解放出来，帮助他们成为增强公民民主权益的有力盟友。

二 以教育为首要途径获得平等

在密里本德看来，公民在不同领域都应享有平等权，其中最重

---

① 参见 Ralph Miliband, *Socialism for a Sceptical Age*, London：Polity Press, 1994, pp. 92 – 94。

要的是教育领域。因为受教育的状况决定了一个人是否可以享有其他有效的公民权。他指出资本主义社会教育有一个非常显著的特点：不平等。[1] 正是这一特点决定了绝大多数接受教育的人在享有教育资源和设施方面远不及少数人，其实质就是大众教育和精英教育之间的矛盾。在资本主义社会，精英教育和大众教育之间存在一个深刻的分裂，那种分裂并没有因为工人阶级的孩子可以接受精英教育而有所减小。但资产阶级并不承认教育不平等，他们一贯强调精英教育和大众教育的差距原因在于人们的能力有所差异，这种差距是一种先天能力的差别，与阶级并无任何关系。虽然有些青年会克服逆境，通过努力进入精英教育，或不通过精英教育也到达顶峰，但对于大多数人来说，阶级定位确实是他们决定自己人生机会、开发自身潜能的决定性因素。在社会主义的核心理念中有一条是，大多数人生来都有潜力，而社会主义民主政治的一个主要目标就是创造条件，使这些潜能尽可能地发挥出来。现今大多数政府客观上均口头表示机会平等，但在那些存在深刻不平等条件的社会中，机会平等只不过是一个口号，"除非所有的孩子都开始处于没有明显差别环境中，否则它不能获得真正的意义"[2]。

密里本德强调，教育不足会影响大多数人享有有效的公民权。因此，在公民教育中首先要培养公民的探寻精神、提问精神、克服困扰、洞察谎言等多方面的能力。这也意味着培育一个思考的环境，在那里种族主义、性别歧视、排外主义、反犹主义都会被视为病态。而它进一步延伸出的就是社会化个人主义的培养，即公民的代名词：美德。那种把学校变成宣传工具的建议是非常危险的，也是社会主义民主精神所不容许的。因而，有效的公民权并不意味着被动接受来自高层对公共利益的定义。面对大大小小的事情，不同

---

① 参见 Ralph Miliband, *Socialism for a Sceptical Age*, London: Polity Press, 1994, pp. 92 – 96。

② Ralph Miliband, *Socialism for a Sceptical Age*, London: Polity Press, 1994, p. 95.

的个体将根据自己的经验和反应给予它们不同的意义。

因此,在密里本德看来,对个人潜能的肯定和发掘是至关重要的,它是影响其他方面平等的首要决定因素。一方面,它对于个人的一生有重要的影响;另一方面,它可以使一大批人才的能力得到更好的施展。所以,通向社会主义民主的进程要求消灭存在于小学和中学阶段私人和公共部门之间的巨大差别,并且将所有资源投入公共系统中,为将来公民能够接受多种形式的继续教育做好准备。

三 发展"混合经济"

密里本德认为,除了在上层建筑层面进行改革来推进社会主义民主之外,还应该变革社会主义民主所依靠的经济基础。在他看来,社会主义民主的实现主要取决于社会化经济的发展,即发展以公有制经济为主的混合所有制经济。这种混合所有制既不是苏联指令性的经济体制,也不是西方自由的市场经济。密里本德指出,资本主义国家曾经也做过许多推进社会民主的尝试,但在民主方面取得的进步微乎其微,资本主义社会仍然存在诸多缺陷和不足。在他看来,造成这种情况的原因在于经济活动中社会化的份额较小,也就是说,"除非[经济社会化——作者加]得以实现,否则所有提出的改革办法其实都是人性化运作资本主义社会秩序的尝试"[1]。因此,只有通过国家干预的手段才能实现以公有制经济为主体的混合所有制经济。

在密里本德看来,同其他领域一样,社会主义民主在经济领域也不断地表现出对资本主义民主的扩展和超越,而最能说明这一点的就是国家对经济的干预。但资本主义国家主流学者经常诋毁国家干预,赞扬市场的优点。密里本德却尖锐地指出,从资本主义产生

---

[1] Ralph Miliband, *Socialism for a Sceptical Age*, London: Polity Press, 1994, p. 96.

到现在，其最显著的特征就是它对国家的依赖。

就社会主义国家而言，一个社会主义政府要担负起干预的职责，而且要把对经济生活的干预作为主要的责任。但从根本上讲，社会主义政府实行干预的目的不同于资本主义政府，且呈现出不同的形式。它不仅要提高经济的效能或减弱经济的不足之处，还要完全改变资本主义经济体制。密里本德也指出，国家干预并非总是且必须是正确的，并能实现有益的目的。即便国家干预会造成一定的不良后果，也要公正客观地对待它，要认识到"受到民主束缚的社会主义政府犯下的错误至少应是社会建设性目的的错误应用，而非是由保守政府所实施的社会有害性的目的"①。

在西方市场经济理论中，国家干预主义和经济自由主义是两大相互矛盾的思想倾向，且经济自由主义一直处于优势地位。直到20世纪30年代，西方国家爆发的世界性经济危机，暴露了市场机制的固有缺陷，需要一种力量介入无序的经济生活，国家干预主义方能凸显出来。但是，随着资本主义经济从危机中恢复，西方右翼势力开始诋毁国家干预，连大多数社会民主党也拒绝国有化，这种拒绝意味着放弃了根本转变经济以及社会秩序本身的任何尝试。因此，密里本德认为有必要强调国家干预的必要性。在密里本德看来，国家干预经济，实现经济领域的公共所有权对推进社会民主具有重要的意义，他以资本主义国家公有制的经验为例进行了论证。

虽然右翼思想家一直宣称国家干预和公有制企业本质上是低效的和破坏性的，但是，密里本德指出，从资本主义国家的经济发展历史中不难发现，公有制不仅是资本主义经济的构成部分，而且还在一定时期挽救了资本主义，推动了资本主义的经济发展，这些都佐证了国家干预和公有制企业是高效的，并不具有破坏性。

---

① Ralph Miliband, *Socialism for a Sceptical Age*, London: Polity Press, 1994, p. 99.

密里本德列举了 20 世纪资本主义国家温和社会民主政府开展公共所有权项目的例子。他首先以英国工党为例指出，即便议会制定的宪法第四条款①目的在于实现生产资料分配和交换的最终公有制，但人们直到 50 年代后期也没有提出任何反对。70 年代，社会民主党派也仍然把公有制放在他们计划中的突出地位，比如瑞典的"迈德纳计划"、法国实行的包括社会主义和共产主义政党的共同计划；1981 年当选的法国社会党政府甚至贯彻了实质上是国有化的计划。国家干预主义不仅使企业由私人领域转向公共领域，还使企业同人民的利益联系在一起，激发了人们的民主意识。在 20 世纪头几十年，资本主义国家的保守派、自由派政府和右派权威政府在基础设施领域以及其他领域采取公共所有的措施，在这一过程中人们逐渐认识到巨大的经济权力不应由私人资本家掌握，政府需要控制经济权力的杠杆，私人利润不是经济活动的一个可以接受的标准，公司的经济民主只有公共所有制才能实现。因此，密里本德认为，社会所有权是社会主义的内在组成部分。社会民主的实现有赖于在经济上扩大公有制。但仅是采用公有制还不够，还要关注公有制的比例和采取的形式等问题。

公有制经济在西方资本主义国家的推进并未顺利进行，随着新自由主义思潮的迅速传播以及左翼的节节败退，公有制几乎从西方社会民主的议程中消失殆尽，人们普遍回避这一话题，只有在一些不得已的情况下才承认公共所有权的措施是必要的。资本主义政府甚至没有丝毫意愿去认真考虑使公用事业、服务业和其他企业（已被保守党政府私有化）回到公有制。它们甚至将公有制等同于社会主义，如果在经济领域实行公有制，就会对选举产生危害，就有倒

---

① 该条款由西德·尼赫布（Sidney Webb）于 1918 年起草，后纳入工党修订宪法，其颁布的目的是安抚由草根阶层普通人发起的一次激进主义运动。但本质上，它永远不会对实际的政策产生严重影响。

向社会主义的危险。它们的理由是：随着多种多样的体系，如保险公司和养老基金持有的股票所占的比重越来越大，所有权发生了迅速的变化，早期实行的公有制已经过时，"与过去相比，现在更多人拥有私人所有权：'人民资本主义'，许多年前它被美国人大肆吹捧，据说它现在已经推广到发达资本主义国家的所有领域，并被私有化大大增强了"①。密里本德却明确指出，到目前为止，个人所有权中的最大部分已经被高度集中在少数人手中。换言之，所有权看似是分散的，实则企业仍然控制在一小群人手中，他们主要关心的是股东的利益。此外，这些人还控制了巨大的养老基金。私有化进一步减少了政府"干预"经济活动的能力，造成了私人垄断，而对私人垄断的监管通常是无力的、有限的和不确定的。

资本主义国家还鼓吹公有企业本质上具有缺陷，社会主义国家的公共企业被囚禁在一个极权系统和全面的计划经济中，加之跨国公司的出现和发展，公司国有化不再是可行的，相反，应该用更大的商业监管取而代之。然而，密里本德指出，这种规定忽略了一个事实：在商业与监管严重冲突的领域里，监管充满了巨大的困难。这个困难只能通过庞大的官僚机构来严厉惩罚不遵守监管的行为来克服。在民主的环境中，私营企业的监管是有限的、不确定的。公有制可以避免大部分在监管中遇到的问题，所以公有制对于私营企业而言是必不可少的。

针对公有企业的批评很多，其中一些西方学者诋毁它严重阻碍了企业的创新，导致了停滞和低效率。面对这些指责，密里本德做出了以下客观的分析：首先，一些资产阶级学者过分受到共产主义经验的影响。他们认为政治体制削弱了人们的生产积极性，由此带来了负面的经济后果，尤其是对上级指令的无条件接受。但密里本

---

① Ralph Miliband, *Socialism for a Sceptical Age*, London: Polity Press, 1994, p. 101.

德认为，在社会主义民主的条件下，公共企业绝对不会在这样的基础上运行，也不会产生企业停滞和低效的后果。其次，在资本主义股份制企业中，大多数经济行为主体不是"主体"风险的操作者，而是拥有小部分股票和股份的公司代理人员。在企业家精神实现的过程中，这些人可能要承担某些风险，即由于落实不充分而被解雇或降职。在任何情况下，相同的风险适用于或可能适用于公共企业的经理。事实上，与私营部门相比，它很可能更强烈地适用于公共企业，私营企业的高级经理组成部分受保护的环境，且很容易从一个最高职位转移到另一个。最后，密里本德列举了亚洲环太平洋国家的经验，来回应上述批评。国家干预在这些国家中采取了很多种不同的形式，它们在范围和特点上各有不同，但它们包括一个强大的国有部门。在资本主义经济中，最引人注目的成功案例是日本，它的经济奇迹很大程度上源于国家干预。

因此，在密里本德看来，社会民主和公有制经济是相辅相成的。国家的民主使反对成为可能，一些人会提出异议，在这样的社会背景下，一个社会主义政府如何有效地使私营企业贯彻自己的意志？因为它很有可能不如威权主义政体那么容易地干预经济。但是，只要保证经济的公共所有权，那么就可以有效控制和调节经济活动。所以，资本主义国家的公有制经验说明，在严格的效率方面，国家干预下的国有企业完全有能力做到与私营公司一样好。因此，经济活动的社会化是可取的，只是它的实现是一个长期的过程，必须有机动灵活的计划才能完成。

四　社会化经济的构成

在密里本德看来，斯大林模式并没有给苏联带来预期的繁荣，即便一定时期内苏联和以美国为首的资本主义国家形成对抗之势，甚至有所超越，但终究只是昙花一现。因而，完全的公有制并不能保证社会主义在和资本主义的竞争中处于优势地位。对此，密里本德在社会化经济问题上主张实行以公有制为主体的混合所有制经济。具体而言，社会化的经济包括三个不同的组成部分。①

首先，一个占主导地位的和多样化的公有经济。他指出，公有经济主要由两部分构成，国有企业是其中一部分，另一部分是由地方自治政权和地区政府从事的大范围活动组成，尤其是提供服务和基础设施。不论是国有企业还是公共服务等活动，都涉及两个问题：一是管理权力的归属，二是公众参与的程度。社会主义中的公有部分呈现出许多不同的形式，经济单位由中央政府、区域和市政当局拥有和管理，根据它们活动的性质，采取不同形式的民主控制。必要的时候，政府会在关键时候干预投资、价格等问题。此外，国有企业的控制者和管理者将受到严格的审查，因为在社会主义环境下，"管理"并非指少数高层的决策，而是要尽可能地使每一个企业员工最大可能地参与政策制定的过程。之所以要使私营企业家转变为国有企业家，是因为他们代表的利益会明确地作用于"生产关系"，只有在公有制企业的前提下，他们才会主动创造一个尽可能接近马克思所说的"生产者的自由联合"的条件。

其次，一个规模庞大的和不断扩大的合作经济。密里本德主张，社会主义制度下的经济也鼓励地区间、政府和企业的合作，即加强合作性部门的建设。一个高度社会化的经济体制中，不能包含大量分散的、由个人拥有和控制的中小企业。但是，这种类型的私有部门在提供商品、服务和便利设施方面可以引入竞争，提供一些机会给那些想在独立的合资企业大显身手的人。因而，社会主义制度下的经济将公有经济和私营经济结合起来不仅是可行的，而且也可以激发个人的主动性。

---

① 参见 Ralph Miliband, *Socialism for a Sceptical Age*, London: Polity Press, 1994, p. 110。

最后，一个主要由中小型企业组成，在商品、服务和设施的规定方面有重要的作用的私有经济。密里本德认为，尽管私营经济存在一定的弊端，但它仍然是社会经济这个整体的补充部分。而这就不可避免要讨论计划和市场在社会主义经济中的地位。他的观点是，计划和市场要共同作用。密里本德指出，这里的"计划"并非是斯大林模式的那种总体的、全面的和详细的计划。斯大林模式要求企业必须遵照那些与市场无关的计划运行，这完全违背了布尔什维克最早对计划的设想，即"国有企业不仅要服从上级——国家机关的控制，也要通过市场，服从来自下级的控制。市场在很长一段时间内都将是国家经济的调节者。而且每一个人都认为，计划要符合市场均衡，与农民阶级保持一种非强制性的经济关系"①。斯大林主义的计划完全忽视了这些限制条件。另外，斯大林主义的计划经济确实取得了无可比拟的胜利，其成就是惊人的，尤其是在工业化的道路上，它比公认的快速工业化的道路更有效。密里本德指出，尽管苏联计划经济的成功是以巨大的成本和浪费为代价的，但在20世纪30年代这种计划思想得到广泛的传播。在"二战"以及战后社会重建时期，发达资本主义国家的政府也不可避免地被迫制定一系列的目标，并且分配一定的资源推进这些目标的实现。比如在国防建设中，国家开发和生产坦克、飞机、军舰等武器，需要提前几年甚至几十年详细计划。这也同样适用于道路、机场、学校、医院、监狱等设施的建设。由此，计划对于一个国家的经济发展来讲是必不可少的。

在一个社会主义经济占主导地位的经济体制中，市场占有一定的地位，它扮演着调节的角色，但它不会是经济生活的最终决定因素，社会主义经济将不会受这样的市场拜物教支配。因为对不受监

---

① Ralph Miliband, *Socialism for a Sceptical Age*, London: Polity Press, 1994, p. 114.

管的市场力量的服从意味着以公共利益和社会正义为目标的政府和社会的退让。因此，在一个社会化经济占主导地位的环境中，社会主义政府的主要目标是在市场力量被排除的领域扩大去商品化的范围。密里本德也指出，社会主义经济中的去商品化并不意味着实施统一的消费，以及选择的缺失，它绝非要建立一个凌驾于需要之上的极权统治，它和提供广泛的、受制于市场的商品和服务是兼容的。

总之，密里本德认为，以公有制为主体的混合所有制的社会主义经济将会使整个社会摆脱资本主义合理性强加的束缚，并以一个完全不同的合理性替代它。但他也指出，在经济改革的过程中不免会遇到很多挑战和反对。如何应对这些挑战要讲究方法和策略。

第三节 社会主义事业面临的质疑及反驳

密里本德指出，民主、平等和社会化经济的最终实现是一项艰巨的工程。因为社会主义概念本身受到了那些致力于政治进步的人不同方式的指责，比如后马克思主义者、后现代主义者、后结构主义者以及相关思想流派的理论家。在他们看来，社会主义意味着对原有社会秩序的综合重组，但它已经不是马克思主义所定义的社会主义。在密里本德看来，丧失对社会主义的信仰导致人们认为当今世界没有对资本主义社会的真正替代。他坚信实现社会主义的必然性和可能性，并有力地反驳了当时对社会主义事业提出质疑的三种论调，以此坚定人们对社会主义事业的信心。

一 关于历史本身对社会主义事业的质疑

一些西方学者指出，历史是一个屠宰场，致力于社会主义事业的人必然会带来大规模的流血和死亡，给人类带来新的灾难。他们的理由在于，西方的启蒙运动将人类理性置于首位，充分肯定了人的主体地位，也使人们对自身的能力持一种普遍的乐观态度，即人类完全有能力把自己组织起来变成一个合作的、民主的、平等的和自治的团体。但是，20 世纪的历史证明了这种乐观是一种自欺欺人。在两次世界大战中，数以百万计的人付出了宝贵的生命，这些无数的人为灾难和战争暴行使人们都不再愿意进行任何的社会改革活动。因此，面对宣称可以调和人类之间分裂和冲突的社会主义，人们必然会提出质疑。因为要想建立一个合作的、社会性的和利他主义的社会需要很多努力。而且，建设一个新的社会秩序的过程必定充满了流血和失望。因此，民众倾向于改善既有的资本主义社会秩序，而不是争取一定会失败的社会的大规模重铸。因此，社会主义可以调和人类的分裂和冲突的想法是一种乌托邦。

对此，密里本德研究了历史上暴行的发起者来做进一步的说明。根据他的研究，历史上有据可查的大规模集体流血事件从来都不是来自下层的纯粹自发行动的产物。相反，它们几乎总是由上层发起和组织的。"'群众'并没有权力和能力决定建立毒气室，组织古拉格（劳改营），计划轰炸朝鲜使之回到石器时代，决定对越南和柬埔寨的密集轰炸，以及为组织'种族清洗'做准备。"[1] 大多数这样的集体行动是因为掌权者为了实现一定的目的而发起并组织的。因此，对"群众"的责难是无稽之谈，他们至少不能为大规模屠杀负责。此外他指出，"社会主义没有声称为人类问题提供一个'完美的解决方案'，也没有保证社会秩序永远充满稳定和光明"[2]，而且"冲突的逐步衰减和社会和谐的概念并不是一种危险的'乌托邦'"[3]。

---

[1]　Ralph Miliband, *Socialism for a Sceptical Age*, London: Polity Press, 1994, p. 59.

[2]　Ibid..

[3]　Ibid..

密里本德总结道，"暴行的大规模实施从来没有局限于任何特定的人群。在适当的情况下，很多人（也许是大多数人）可能被诱导或驱使参与集体屠杀，人类因此无法逃离历史的屠宰场，注定一代又一代人被卷入时间的尽头和集体残忍的范畴"①。虽然人类注定是永久的分裂，但这些冲突是可以调和的，方法就是实现社会主义。因为在社会主义社会，国家权力会得到有效的限制，继而国家的强制力也不会有实质性的作用，也就避免掌权者任意发动战争。

二　关于"寡头铁律"对社会主义事业的挑战

一般认为，以真正民主的方式来分配权力是社会主义社会的一大优点，并且大部分政府也是由人民管理的。但罗伯特·米歇尔提出的"寡头铁律"② 反对上述观点。他指出，社会主义社会也存在少数派的统治。权力集中在少数人的手中，是人类社会的一个不可避免的特性。因此，"无论革命者和改革者的目的是什么，也不管他们多么坚定地希望获得权力的民主分配，少数派统治必然会战胜他们的意图和努力"③。

具体而言，这个少数派统治的必然性论断取决于以下命题。其一，权力注定掌握在少数人手中。任何社会中，基于天生能力和才干的自然差别决定了社会成员的社会地位，也就"自然地"区分出少数派和多数派。而由于缺乏所必需的能力，比如体力、勇敢、专业知识等，大量的从属人口构成了多数派。总之，分配不均确保了少数派统治的延续。当然少数派也可能面临挑战，但即便挑战成功，

---

① Ralph Miliband, *Socialism for a Sceptical Age*, London: Polity Press, 1994, p. 60.

② 法国政治学家罗伯特·米歇尔（Robert Michels）在第一次世界大战之前讨论德国社会民主党时形成了他的"寡头铁律"理论。他在 1911 年出版的《政党政治》一书中阐述了"寡头铁律"，其大致含义是在当代国家政治生活中，权力最终必然要落到少数人手中。总而言之，精英统治是不可避免的。

③ Ralph Miliband, *Socialism for a Sceptical Age*, London: Polity Press, 1994, p. 62.

也不过是另一个少数派的替代。其二，就组织的性质而言，任何组织中的权力将不可避免地集中在少数人手中，而那些享有权力的人总是想方设法保持并扩大它。因此他们会使用手头的所有资源来抵御任何针对他们特权的挑战，即便是在社会主义社会也是如此。

对于上述论断，密里本德提出了两个疑问：这样的观念在多大的范围上可以破坏社会主义民主的目的？共产主义的统治经验不足以证实不可避免的少数人统治的理论吗？密里本德认为，任何类型的组织必然会将一定程度的权力赋予那些更有精力、行动力、目标和野心的人。这些人享受权力带给他们的快乐，因此他们不惜一切代价和借口试图获得权力。对于拥有权力的人来说，真正的问题在于是否为了避免形成一个寡头政治而要控制和约束他们。密里本德认为，这不是简单的控制权力行使的规则和规定的问题，因为统治和规定总是可以规避的。更重要的是权力行使所处的经济、社会、政治和道德环境。在一个社会中，不论民主言论多么声势浩大，也不论程序上的掩盖多么精心，当各种大量的不平等成为日常生活不可或缺的一部分的时候，权力应该呈现一种集中和寡头形式，以对抗社会中的不平等。在现实生活中，人们对寡头制度的倾向是持续的，但它又是可以被限制的。在充满平等的社会主义社会，公民可以更好地意识到他们的民主权利，他们可以自愿并有效地参与社会统治，这也就避免了处于领导地位的人变成寡头统治。

三 关于"新马尔萨斯学说"对社会主义事业的挑战

密里本德指出，第三个对社会主义事业构成威胁性挑战的是"新马尔萨斯学说"[①]。它是对威胁人类的生态危险的解读，在近几十年进入了政治议程的顶端。

---

① "新马尔萨斯学说"基本含义是，人口的增长、资源的流失和枯竭把世界许多地方迫切需要的发展变成一个对地球上生命更大的威胁，而发达国家本身的强迫性生产和消费加剧了这一威胁。

　　密里本德认为，生态学家指出的危险确实存在。然而，西方学者通常认为"新马尔萨斯学说"坚持强调人类受制于一种不可控的力量。因此，"社会组织性质上的差异，在面对大规模的自然或类似自然的量化倾向和限制时，它只有次要的因果意义"①。也就是说，不论是资本主义社会还是社会主义社会，都无法解决生态问题。密里本德并不同意上述观点，他认为，在涉及生态等问题时，这些"社会组织中的定性差异"是最重要的。在资本主义社会中，利润是任何活动的首要目的。这种对利益的无限追逐成为生态破坏的主要原因。所以在生态问题上，资本主义的本质迫使它的统治者把任何利润以外的代价当作是次要的，不予理睬。综观当今世界，许多资本主义国家的公司、政府以及许多国际机构表露出它们对环境的关心，并且召开了一系列的会议，通过了大量的决议。但密里本德尖锐地指出，和资本主义国家的核心议题相比，生态危机、资源枯竭和地球人口过多等问题的排序比较靠后。解决生态问题需要一个社会组织，其统治地位的原则不仅要推动私人利润的最大化，同时也要在经济生活中有一定程度的公共干预。但是，这种公共干预会损害资本主义统治下的企业和国家权力的持有者，以及受新自由主义原则启发的国际机构的利益。因而，资本主义国家并不会真正解决生态问题。

　　在密里本德看来，关于上述问题，只有社会主义才能提供一个有效的解决方法。这是一个长期的过程，社会主义者和其他人必须共同协作反对所有威胁地球的势力。因此，"新马尔萨斯学说"对社会主义事业的责难是不成立的。

---

　　① Ralph Miliband, *Socialism for a Sceptical Age*, London: Polity Press, 1994, p. 64.

第四节 实现"新社会主义"依靠的力量

在密里本德看来，在资本主义国家实行社会改革并非易事。根据对当代资本主义国家阶级结构和阶级斗争的分析，他指出，必须依靠一个基于有组织的工人与新社会运动联盟的社会主义政党。

一 工人阶级依然是社会变革的主要力量

无论是在资本主义国家推行经济改革还是政治改革，都不可避免面临质疑和反对。基于这样的现实，工人阶级只有获得足够的权力，才能顺利推行改革。密里本德指出，权力的获得，以及为了社会主义的目的运用权力的一个关键是最大限度地得到民众的支持。民众支持意味着很大一部分雇佣劳动者的支持，因为在大部分城市中，雇佣劳动者都构成了人口的绝大多数。但是，资本主义并没有赋予雇佣劳动者"特权"与"历史使命"，或宣称他们是"全体"阶级的成员，他们的解放可以引起其他受压迫的人的解放。所以，如果民众支持对于社会主义事业的进步和成功确实必不可少，那么广大的工薪阶层的支持是最重要的。当然来自其他阶级的支持也是必要的，比如中产阶级的下层人员，甚至是统治阶级的成员。但是，目前工人阶级自身存在两个问题：

其一，工人阶级丧失了应有的战斗力。密里本德认为，即使工薪阶层在客观条件下构成了人口的绝大多数，但他们中的绝大多数在政治上不是那么坚定，尤其是致力于根本变革的政治绝大多数。一方面，工薪阶层的概念掩盖了其构成人口的不同性质，而且在它内部深刻的分歧给"工人阶级"或"工薪阶级"贴上了总体性的标签，这产生了严重的误导，让人们误以为他们具有一定程度的凝聚力，但这实际上是不存在的，也忽略了每个人的个性和特质。另一方面，生产过程的深刻变化和工业工人阶级的侵蚀、传统职业的减少、固定群体和无所不在的消费主义之间的崩裂一起创建了一个新"工人阶级"，"他们的真实身份是在超市和购物中心，而不是昏暗的政党议会大厅和一般的政治活动中"①。因此，人们认为现在的工人阶级不过是社会中一个更加无形、"雾化"的民众，他们的意识形态和政治承诺与工薪阶层真正关心的事情毫无联系。即他们已经丧失了作为工人阶级的应有的战斗力。

其二，工人阶级丧失了革命的阶级意识。在密里本德看来，工人阶级深受"占有性个人主义"价值观影响，并被"资产阶级化"，他们与资产阶级达成和解，并和资本主义政治体制融为一体。它不再是资产阶级口中的"危险的阶级"，它关心的问题在于私有化活动而不是公共事务。对此，密里本德做了进一步证明。他指出，马克思在1859年的《〈政治经济学批判〉序言》中曾说道："物质生活的生产方式制约着整个社会生活、政治生活和精神生活的过程。不是人们的意识决定人们的存在，相反，是人们的社会存在决定人们的意识。"② 因此，对于马克思以及后来的马克思主义者而言，社会存在很大程度上是由阶级塑造的，而阶级本身是由它在生产的过程中的位置决定的。工人阶级在这个过程中的位置导致它服从于统治和剥削，这反过来也决定了它必须发展出一种"阶级意识"，即实现一个完全不同的社会制度。这个社会存在的概念及其对于意识来讲的后果明显是有缺陷的。

密里本德认为，基本的错误并不在于强调阶级作为一个客观事实的重要性，而是在阶级形成中读取到革命意识。这里有一个对"革命意识"的"非难"，如果人们知道他们应该做什么，那么他们就会下定决心去做。在阶级意识概念以后的发展中，政党作为一

① Ralph Miliband, *Socialism for a Sceptical Age*, London: Polity Press, 1994, p. 127.
② 《马克思恩格斯文集》第2卷，人民出版社2009年版，第591页。

种机构，成为工人阶级的化身，它做了无产阶级应该下决心做的事情。但是，密里本德也指出，阶级和阶级意识之间的联系，比马克思的构想更加复杂。因为社会存在不仅是指阶级，它还包括许多其他的身份，比如，性别、种族、国籍、宗教、青年、老年、残疾人，或它们的组合。这些可能在发达资本主义国家中对个人而言更加重要。它们并没有改变个体的阶级位置，并且这些其他身份深深受这个阶级位置的影响。

但是，在生产过程中，阶级以外的身份和位置很可能完全消灭阶级团结，比如国籍、种族和宗教在一些人的观念中是极为重要的，从而导致他们拒绝团结任何其他人。虽然他们有同样客观的阶级身份，但属于不同的国籍、种族或宗教。而马克思认为，生产的过程会导致工人阶级由于其成员的共同条件而走到一起。这大大低估了工人阶级分化的持久特性，分化呈增长的趋势而不是减少。

这一低估在密里本德看来有着巨大的影响。他指出，对马克思而言，无产阶级的阶级意识意味着工人阶级通过认清资本主义的本质，将及时克服自身的各种分化，并对自身的社会地位、阶级利益、真正的敌人，以及自身该做什么才能获得解放有一个清晰的认识。密里本德还指出，由于工人阶级在许多斗争中铸就了钢铁般的意志，因此他们有明确的目标，并愿意投入解放事业中。这就是为什么马克思和恩格斯毕生都有一种坚定的信念，认为工人阶级的解放必须由工人阶级本身获得。但列宁背离了这一观点，他主张，"工人阶级单靠自己本身的力量，只能形成工联主义的意识"[1]。密里本德认为，在现存的社会秩序下争取有限的利益问题上，列宁的"工联主义"意识和革命的阶级意识有很大区别，在本质上前者不同于为了革命性变化而进行的斗争。即便如此，这并不是说要轻视

---

[1] 《列宁全集》第6卷，人民出版社2013年版，第29页。

前者，相反，应该用任何可能的方式帮助它。此外，密里本德还指出列宁另外一个背离马克思的地方，那就是工人阶级自己不会自发产生革命意识，只有在党的指导和领导下，工人阶级才能获得必要的革命的阶级意识并发动革命。

虽然由于各种各样的原因工人阶级丧失了阶级意识及应有的战斗力，但密里本德认为，他们仍然是通往社会主义道路上所依靠的主要力量，仍然是资本主义制度的"掘墓人"。但仅依靠工人阶级是不够的，要完成变革资本主义的使命，工人阶级应当同新社会运动结盟，并需要以新的社会主义左翼政党作为代理人。

二 以新的社会主义政党作为代理人

第二次世界大战后，资本主义国家经济得到充分的发展，西欧的左翼并没有对既有的资本主义政治秩序构成威胁。法国和意大利的共产党甚至陷入一种相对的政治无能。密里本德坚信，资本主义的发展繁荣并不能抹杀它和社会主义之间存在的根本性区别。因此，密里本德指出，社会主义革命的主要依靠力量仍然是工人阶级。但他也表示，虽然工人阶级仍然是实现社会主义所依靠的主要力量，但鉴于工人阶级自身存在的问题，只有打造一个强有力的社会主义政府才能保证社会主义事业顺利进行。

他认为，尽管工人阶级的阶级地位没有最大限度地产生革命的阶级意识，但这不意味着所有阶级中的阶级和政治倾向之间的联系是微弱的，例如统治阶级成员中压倒性的绝大多数倾向于不支持改革派，对革命派更是深恶痛绝。相反，统治阶级成员的阶级地位很自然地引导他们支持那些维护和加强有利于他们的社会秩序的政党。世界范围内维护和加强社会秩序的方式有无穷无尽的变化，而阶级和意识形态倾向之间的联系也是复杂并处于巨大变化中的，尤其对于雇佣劳动者来说更是如此。大部分的人，尤其是最贫穷的人，经常支持资产阶级政党。另外一些人对他们的条件感到愤怒，有时就被吸引到支持极右政党和运动，那些运动一方面袭击移民、黑人、犹太人和其他少数民族，另一方面又承诺社会和政治复兴。纳粹党人自称国家社会主义是有一定原因的，其他各个地方的政党和群体通常都宣称他们的意愿是实现彻底的改变和从事"民粹主义"。这种雇佣劳动者对种族主义、排外和反犹主义的支持充分表明，雇佣劳动者的阶级地位和它的政治倾向之间的关系可以呈现出反动或者进步的形式。所以，要想进行经济的社会化改革，并取得民众的支持，就需要一个强有力的社会主义政府。

在密里本德看来，政党、工联主义和政务会（如工会、苏维埃和行动委员等）是工人阶级几种重要的表现方式，但从革命政治的角度来看，政党是阶级最重要的政治表现形式和工具。政党被密里本德看作中介，起着凝聚选民的作用，[①] 而对于资本主义国家的社会主义事业来说，左翼政党无疑占据重要的地位。因为在过去的历史表明，政党可以表达和左翼相关的议题，阐明左翼的目的，使左翼在政治舞台上成为一个强大力量。在 20 世纪，共产党和社会民主党统治了左翼的生活和政治，在许多国家取得了大量的成员资格，并在民意调查中取得了相当一部分人的支持。密里本德称这一时期人们对共产党的奉献和忠诚为政党拜物教。然而，随着共产党的分化和大量消失，这种情况已经发生极大的改变。社会民主党并没有像共产党那样真正地被人们认可，获得民众的支持。但密里本德仍然坚信，如果左翼想成为一个强大的力量在政治舞台发挥作用并与统治阶级抗衡，就需要一个政党作为自己的代理人。在他看来，社会民主党无疑是在可预见的未来中左翼主要的政治力量，或者至少是一支重要的力量。但他所说的这个社会民主党并非原来意

---

① 参见 Ralph Miliband, *Socialism for a Sceptical Age*, London: Polity Press, 1994, p. 138。

义上的社会民主党，而是一个新的社会主义政党。

之所以说它是一个新的社会主义政党，是因为它将重要性日渐突出的新社会运动纳入了考虑的范围。很多左翼人士认为，政党意味着极权主义、官僚、操纵和无原则，进而认为资本主义社会进步和发展的希望在于新社会运动而不是政党。密里本德认为，就新社会运动本身而言，它们关心女性主义、种族主义、生态、和平、性取向、福利的权利、宪法改革、参与政治以及其他议题，它们是新思想、组织的新形式和新的政治模式的来源，确实比传统的工人运动更有活力和效率。这些运动也确实推动了政治议程中的重大问题走向高潮，并迫使执政党和政府至少认真对待他们提出的诉求。这些运动从性质上来说代表当代民主政治的新方向。比如女性主义运动使妇女权益保护已经成为政治文化的一部分，生态运动有效地提高了人们的生态危机意识等。因此，虽然新社会运动并没有达到预期的目标，但它们关心的问题得到了一定的解决，并从统治阶级那里取得了一些重大的让步和成果。但新社会运动也有自身的缺陷，例如它们缺乏核心的组织领导，具有明显的自发性，这就容易导致其最后走向折中主义。他们基于文化差异认同基础上追求的参与民主，无法触及西方自由民主的根基，反倒有时沦为西方民主的棋子，最终被资本主义制度吞噬。因此，鉴于当代资本主义社会中工人阶级自身存在的问题和新社会运动的积极意义和局限性，应该将二者联合起来，形成对抗资本主义的统一强大力量。简言之，在密里本德看来，国家权力大于政府权力，阶级权力大于国家权力，选举政治不足以使资本主义国家过渡到社会主义，最好的方式就是工人阶级同新社会运动结盟，并通过政党实现社会主义。就现实的英国而言，密里本德将希望寄托在英国工党身上。

第五节 小结

大多数西方马克思主义学者都对资本主义社会未来的发展道路有过或多或少的思考,出于对资本主义和苏联模式社会主义的不满,他们通常主张一种超乎"左"和"右"的中间道路。20 世纪90 年代初世界社会主义运动陷入低潮,在西方学界掀起了关于未来社会主义的讨论热潮,密里本德在这场讨论中也提出自己的观点。因为他的资本主义国家理论落脚点就是关于资本主义未来的走向——如何实现社会主义。因此,他在批判发达资本主义国家,揭露资本主义民主的虚假本质之后,开始反思苏联共产主义的问题和弊端,并对发达资本主义国家如何走上社会主义道路的一系列重大议题展开了探索。

关于什么是社会主义。密里本德一方面通过对当代资本主义的批判,揭示了资本主义民主的虚假,指明它仍然存在无法克服的自身矛盾,其最大的弊端表现在经济发展和道德的不一致,而社会主义是对原有资本主义的一种超越;另一方面他又指出,共产主义和社会主义是两个不同的概念,要加以分析,区别对待。就苏联共产主义而言,尽管苏共领导人声称他们忠实地遵循马克思和恩格斯,但实际上是对马克思主义的背离,甚至是对马克思主义的否定。因为苏联后期的专制和个人崇拜,以及苏联式的民主背离了马克思主义。因而,它不是通常意义上的社会主义,也不能作为社会主义建设的榜样。在此基础上,密里本德提出了对社会主义的新构想,指出社会主义包含民主、平等和社会化的经济三个核心议题,且它的实现是一个需要长期奋斗的过程。

关于社会主义实现路径的选择。资本主义国家如何实现社会主义是自马克思、恩格斯以来,许多社会主义理论家和实践者一直孜孜不倦探索的问题。从巴黎公社到十月革命，大都以暴力革命手段夺取政权建立一个社会主义政权，进而进行社会主义建设，而东欧一系列国家也是在苏联的帮助下，通过革命的方式走上了社会主义建设道路。可以说，一直以来采用的都是马克思所说的"暴力革命打碎旧的国家机器"。而恩格斯晚年经常提及的社会主义改良则是另外一条非常不同的、温和的社会主义道路。到目前为止，除了摩尔多瓦共产党在 2001 年和 2005 年通过议会道路上台执政之外，还没有过成功的案例。因此，它并不具有普遍适用性，这种方式也是行不通的。密里本德结合了马克思主义的国家理论、社会主义建设理论和发达资本主义国家现实，认为现今采用暴力的手段已经不可能实现社会主义，还是应该采取温和的社会主义改良策略。但是，他并没有很明确地用"改良"一词表述，只是提出了一些建设性的想法。比如在推进社会主义民主政治过程中需要从国家组织机构和社会变革运动两个方面进行制度改革，发展公有制经济等。

关于实现社会主义依靠的主体。密里本德认为，虽然发达资本主义国家中工人阶级的结构发生了很大的变化，工人阶级的阶级意识也有所丧失，但通往社会主义还是主要依靠工人阶级。他的这一观点和马克思主义的社会发展道路的设想保持一致。但是，他也强调左翼政党和新社会运动的联合。

最后，密里本德指出，社会主义的实现不可能一蹴而就，它是一个长期的过程，充满了艰难。密里本德对未来社会主义的设想是一种原则性的构思，他提出的民主、平等和经济的社会化具有一定的指导意义。同时，他肯定了工人阶级在这一过程中的主导地位，对社会主义替代资本主义实现充满了乐观情绪，这极大地鼓舞了当时深受苏联剧变打击的人们。

第 五 章

评价与启示

密里本德曾经提到，他对自己的评价判断标准是对实现社会主义的实践和理论做出什么样的贡献。正如我们已经看到的那样，密里本德作为英语世界中杰出的马克思主义政治学家，唤醒人们对政治问题的关注。正如潘尼奇所做出的评价，"像爱德华·汤普森在社会史或雷蒙·威廉斯在文化研究中一样，拉尔夫·密里本德在政治学研究中也发挥了领导作用，一方面是正本清源，另一方面是奠定基础"[1]。总体而言，密里本德的政治理论继承了英国经验主义和实用主义的哲学传统，关注现实问题，强调从研究现实问题构建自己的政治理论，而非纯概念的逻辑演绎。他从政治学的视角分析发达资本主义社会的阶级、国家和未来社会主义的前景。他通过引进的霸权理论和意识形态理论，将政治国家确立为审视资本主义历史发展和当代状况的新视角，更加有效地批判发达资本主义条件下更加复杂的社会现象，从而对以阶级斗争为中心的"自下而上"的理论视角做出必要补充。首先，他重新阐释了马克思主义关于阶级与阶级斗争的思想，并对发达资本主义国家中的阶级结构进行深入的分析；其次，他研究了发达资本主义国家的本质和作用；最后，他

---

[1] Leo Panitch, "Ralph Miliband, Socialist Intellectual, 1924 – 1994", *The Socialist Register*, Vol. 31, 1995, p. 1.

探索了资本主义国家未来走上社会主义道路的方式。这三者之间密切相关，具有内在的一致性。尤其是密里本德的阶级观对于他研究国家问题起到了重要的作用。可以说，密里本德整个政治理论的研究方法就是阶级分析方法。在他看来，马克思主义的政治理论是在阶级分析的基础上形成的，资本主义仍然是一个充斥着阶级关系的系统。但从其专著出版的时间上看，他是在《资本主义社会的国家》完成之后才展开对阶级问题的深入研究。笔者认为原因有二：其一，《资本主义社会的国家》一书虽然在开篇涉及了资本主义社会的经济和社会特征，但它对国家的阶级基础所做的分析不甚详尽，不能真实确切地反映现实中社会结构和阶级的复杂情况与本质特征。为了弥补这一缺陷，密里本德转而展开对阶级问题的研究。其二，《资本主义社会的国家》一书出版之后，赞誉居多，但普兰查斯却对这本书颇有微词，继而引发了两人之间关于国家问题的争论。密里本德认为，普兰查斯并不了解自己研究国家问题的方法。换言之，他认为自己是根据马克思市民社会决定国家的结论，将对国家置于整个社会背景下进行分析考察，从阶级的角度去观察和揭示国家本质和作用。因此，抱着为自己辩护的想法，密里本德对资本主义社会的阶级状况做了详细的研究。本书在写作过程中，为了使读者对密里本德政治理论有一个逻辑上的全面认识，并且更好地理解资本主义国家的阶级性和自主性，故将其阶级理论放在国家理论之前阐述，最后再论述他对社会主义的构想以及他对如何实现社会主义的思考。在此基础上，我们才能更进一步探究密里本德和工具主义、英国新左派之间的关系，在一定程度上窥见其思想及其影响，对其政治理论的积极意义和局限性做出客观科学的评价，进而填补战后英国一批最重要的思想家在推动思想和政治发展过程中的一些空白。

第一节　密里本德是一个工具主义者吗?

　　许多人将 20 世纪六七十年代普兰查斯—密里本德的争论延伸
为结构主义和工具主义之争，而且将二者之间的争论看作"结构主
义者"和"工具主义者"之间的方法冲突。一般而言，人们根据
密里本德的国家观，将他看作"工具主义"国家理论的代表人物。
但"工具主义者"只会使人误解密里本德只是一个简单强调国家是
统治阶级工具的政治学家。但是，其国家理论是否可以被称作工具
主义国家理论值得进一步探讨。事实上，密里本德只是把马克思主
义的经典论述作为分析国家问题的起点。一些西方学者就指出，密
里本德的国家理论不能被单纯看作工具主义国家理论，因为他的思
想中也包含了结构主义的因素。美国左翼学者克莱德·W. 巴罗指
出，"密里本德从来没有真正使用这个'工具主义'术语来描述他
的国家理论，尽管他在总结马克思主义传统的中心议题时，确实指
出国家是统治阶级的工具"①。巴罗指出，"密里本德的国家理论既
有工具主义因素，也含有结构主义因素"②。英国左翼学者保罗·卫
斯理则称："密里本德想要在一个统一的国家理论中囊括两种解释
方法（工具主义和结构主义）。"③ 而且，密里本德从未真正使用过
"工具主义"这一概念，它只是普兰查斯的概括。④ 在普兰查斯看
来，密里本德的国家理论具有马克思主义传统，他对国家的看法和
马克思一样，即国家是一种统治阶级的简单工具。普兰查斯的看法
影响了后来的许多代学者，他们大都认为密里本德的国家观是一种

---

① Paul Wetherly, Clyde W. Barrow and Peter Burnham, *Class*, *Power and the State in Capitalist Society*: *Essays on Ralph Miliband*, New York: Palgrave MacMillan, 2008, p. 16.

② Ibid. .

③ Ibid. , p. 110.

④ Ibid. , p. 94.

工具主义国家理论。通过深入研究密里本德的著作及思想发展的脉络可以看到，他关于国家的观点是工具主义的，但它的研究方法包含了结构主义的因素。此外，就研究视角而言，他的国家理论是以"社会中心"为切入点。

一方面，虽然密里本德反对普兰查斯那种"极端结构论"，但他在研究国家问题时运用了结构主义的方法，并肯定了"结构性"解释的积极作用。在回答为什么按照马克思主义的说法，国家应该被认为是统治阶级的工具的问题时，密里本德做出了三种概括：一是，社会阶级中的领导集团，即国家精英和经济上的统治阶级决定了国家偏见。二是，资本主义企业是资本主义社会中最强大的压力集团，它控制着国家的注意力。三是，结构的强制性决定了资本主义经济有其自身的合理性，国家和政府必须屈从于它。这三种解释实际可以划分为两类：工具主义和结构主义。密里本德认为这三种观点各自都有缺陷，只有综合考虑才有意义。也就是说他承认了结构主义的合理之处，主张将结构主义因素纳入考察国家的方法内。尤其是在分析国家性质时，密里本德指出，国家是一种"结构性"的事物，其性质是"由生产方式的性质和要求决定的。任何政府都不能忽视也不能逃避这种'结构的强制力'"①。他认为这种"结构性"的解释有助于人们了解政府行动的意图。例如，新政府在选举期间总会声称未来要进行深远的改革。但实际情况却是，它们当选之后连最简单的改革计划也无法实现。

另一方面，他的社会主义策略思想中也暗含了结构主义的观点。在如何实现社会主义的问题上，密里本德主张走改良的道路，具体的方式就是实行社会改革。在潘尼奇看来，这种改革是"一种

---

① ［英］拉尔夫·密里本德：《马克思主义与政治学》，黄子都译，商务印书馆1984年版，第78页。

立足于市民社会和国家的行政多元论的战略"①。密里本德专门区分了社会主义民主和资本主义民主的政治、经济体制架构，拓展了高兹结构化改革（reforming of structure）② 的概念，试图说明导向社会主义民主的结构化改革，即"民主机制"的改革。为此他提出了从政府到司法系统，再到选举制度等多个层面的国家行政系统的综合改革。此外，密里本德本人实际是对"工具主义"国家观持谨慎态度的。通过对《资本主义社会的国家》和《马克思主义与政治学》的文本分析不难发现，他强调国家的本质是阶级性的同时，也将国家的相对自主性纳入了理论视野，认为在没有严密的逻辑论证和分析的情况下，单纯地强调国家的工具性是不合理的，工具主义式的理解有将国家问题简单化的危险。因此，后人简单笼统地称密里本德是"工具主义"国家理论的代表人物是不够确切的。事实上，他的工具主义立场不是绝对的。就其理论观点和研究方法而言，他是将工具主义和结构主义结合起来加以运用的。

因此，密里本德在认识论上是工具主义的，因为他强调资本主义国家作为统治阶级的工具而存在。但是他在方法论上包含一定的结构主义因素。就研究视角而言，密里本德以"社会中心"为切入点，以社会结构为支撑来研究国家问题。密里本德所处的资本主义社会已经远远不同于马克思那个时代的社会，马克思所看到的是资本主义经济将要在生产领域占主导地位，而密里本德面对的是资本主义生产关系已经深入生活的方方面面。面对这种巨大的社会变化，密里本德意识到，有必要重新研究传统马克思主义的国家理论。他更加关注当代资本主义社会对国家的"输入"和国家"输出"所产生的后果和影响。他把当代资本主义国家置于社会的宏大

---

① Leo Panitch, "Ralph Miliband, Socialist Intellectual, 1924 – 1994", *Social Register*, Vol. 31, 1995, p. 14.

② 这个概念是安德烈·高兹在 1968 年的《社会主义纪事》的 "Reform and Revolution" 一文中首先提出的。

背景之下，认为就国家而言，社会是基础，国家源于社会，社会决定国家。在密里本德看来，社会背景就是资本主义社会中真实的政治、经济、文化以及社会之间的关系，而社会背景中最重要的就是根植于资本主义经济结构的社会力量和利益，即资本主义社会的阶级状况。只有以阶级利益和阶级关系作为国家分析的决定性变量，才能准确观察和评估国家中人们的行为和国家制度，才能认清并把握资本主义国家的本质和作用。他指出，"阶级斗争仍然是发达资本主义社会最重要，事实上也是绝对首要的一个事实"①。这尤其体现在他对英美等国家的深入考察。而且，密里本德在和普兰查斯的争论中也曾明确表明，他对国家的研究特点在于将国家放在社会这个大背景之中，强调"资本主义社会"中的国家，基于这种"社会中心"的研究视角，他才进一步讨论了阶级权力和国家权力间的关系，指明了二者之间的区别。他指出，国家权力是统治阶级维护统治的主要手段，但却不是唯一的手段，但阶级权力是确定的，是被保护的权力。也正是这种"社会中心"的研究视角决定了密里本德的国家理论展开、验证并增强了马克思主义国家理论的当代解释力。

　　鉴于密里本德的政治观点、研究方法和研究视角，我们不能简单地认为他是工具主义者。这样的简单概括会导致我们忽视其理论的丰富内涵和思想的深刻性，进而过度简化其国家理论。

第二节　密里本德政治理论的积极意义

　　在阶级政治问题日益被忽视的今天，我们有必要重新审视马克思主义的政治理论。在西方众多左翼学者中，仍然有一批学者坚守

---

①　Ralph Miliband, *Divided Societies: Class Struggle in Contemporary Capitalism*, Oxford: Oxford University Press, 1989, p. 133.

马克思主义的阵地，对阶级、国家、革命策略等问题做出新的探索与发展。英国政治学家密里本德就是其中之一。作为一位具有马克思主义传统的政治学家，密里本德的理论研究涉及对资本主义的政治和社会批判。因此，不论是其阶级理论还是国家理论都是为了指明资本主义国家的弊端，进而证明社会主义是替代资本主义的最好选择。他的政治理论激活了马克思主义政治理论的传统主题，改变了当时资产阶级意识形态占据主导地位的格局。具体而言，其积极意义主要有以下五点。

一　重申了阶级政治的意义和重要性

密里本德通过对当代发达资本主义社会新变化的分析，以生产方式所处的地位和所发挥的作用为基础，结合生产方式、意识形态等因素，确立了重新定义工人阶级和统治阶级的方式；他用"梨形"的金字塔结构的"阶级图示"明晰当代发达资本主义社会中的阶级结构以及阶级斗争形式的新变化，证明了阶级斗争依然普遍存在，重申了阶级政治的意义和重要性，为实现社会主义奠定了坚实的理论基础。与密里本德同时期的英国新左派知识分子"并没有在社会主义方向下继续前进，而是像大多数左派知识分子一样，在80年代资本主义的复兴中逐渐失去了他们的方向"[1]。其中比较突出的例子就是他们放弃了马克思主义的阶级理论框架。霍布斯鲍姆、斯图亚特·霍尔、拉克劳和墨菲等人提出工人阶级的保守主义、重组和衰落，肯定新社会运动作为社会变革的主体等。密里本德指出，这些人某种程度上偏离了社会主义的核心问题，他们对于发达资本主义国家阶级状况的分析存在误读的现象，客观上不利于人们认清资本对劳动的剥削实质。密里本德坚持并维护了马克思主

---

[1]　Leo Panitch, "Ralph Miliband, Socialist Intellectual, 1924 – 1994", *Social Register*, Vol. 31, 1995, p. 14.

义的阶级理论框架，旗帜鲜明地指出发达资本主义社会仍然存在两大对立阶级。纽曼评价密里本德对阶级斗争的分析是一个"重构了的马克思主义式的理解"[①]。马克思对阶级斗争的历史作用，曾有过如下表述："将近40年来，我们一贯强调阶级斗争，认为它是历史的直接动力，特别是一贯强调资产阶级和无产阶级之间的阶级斗争，认为它是现代社会变革的巨大杠杆；所以我们决不能和那些想把这个阶级斗争从运动中勾销的人们一道走"[②]。阶级并非一个抽象的概念，它是一个历史范畴。在新的时代背景下，如何理解阶级，是一个至关重要的问题。这既是我们如何认识资本主义的关键，也有助于回应对马克思主义的诘难。

　　面对"二战"后资本主义社会结构发生的变化，人们越来越少地在阶级意义上形成稳定的认同感。有些学者认为工人阶级主体地位已经衰落，"新中间阶级"取而代之成为社会的主要阶级；有些学者甚至认为阶级已经消亡。新社会运动的兴起，将人们关注的焦点聚集在认同政治上，加剧了人们对阶级政治的疏离。密里本德没有被发达资本主义社会结构变化的复杂性蒙蔽而否认阶级的存在。在他看来，马克思的阶级划分依然有效。上述观点不仅会阻碍人们正确认识当代资本主义的本质，而且会影响工人阶级投身社会主义事业的热情。密里本德在马克思主义理论的基础上，指明了发达资本主义社会仍然是一个高度结构化和层次化的阶级社会，并结合对发达资本主义国家阶级结构的实证分析，对马克思主义时代的资产阶级和无产阶级做了重新理解和规定，对中产阶级做了必要的说明，突出了工人阶级在当下仍然具有的重要地位。他的这一阶级观点得到了美国学者约翰·F.曼雷的肯定，他指出，"密里本德在

　　① 参见 Paul Wetherly, Clyde W. Barrow and Peter Burnham, *Class, Power and the State in Capitalist Society: Essays on Ralph Miliband*, New York: Palgrave MacMillan, 2008, p. 41。

　　② 《马克思恩格斯文集》第3卷，人民出版社2009年版，第484页。

《分化的社会》一书中对发达资本主义国家所做的阶级分析，在美国得到了很好的印证"①。此外，密里本德强调唤醒工人阶级的阶级意识和政治觉悟，明确它对于资本主义国家走向社会主义道路的不可或缺性，即不论通过改革或是革命的方式，只有工人阶级才能将资本主义变为社会主义，进而指明了当前的历史阶段仍然是一个阶级政治的时代，社会主义仍然是代替资本主义的最好选择。因此，保罗·卫斯理等学者称密里本德对发达资本主义社会的阶级分析"从理论上打开了对统治和抵抗的非经济形式的探索"②。

二　复兴和发展了马克思主义的国家理论

在密里本德看来，马克思和恩格斯没有一部关于国家理论的翔实著作，马克思、恩格斯以及他们的继承者没有系统地建立有关政治学的理论，所以他认为有必要从马克思主义的著作中寻找材料创建和重建马克思主义的政治学。但是，密里本德也指出，就目前的马克思主义经典著作而言，马克思和恩格斯涉及政治理论问题时往往采取了缄默的态度。之所以出现这种情况，密里本德认为是由于斯大林主义对马克思主义的解释和研究方式被苏联及世界其他地方的马克思主义者所接受。在这种专断和强制下，许多对马克思主义的发展做出过重要贡献的人都被严重忽视，尤其是对国家问题做过重要探索的西方马克思主义者。然而，福利国家政策在资本主义国家的成功，又将人们的关注点重新集中在国家与社会的关系上。许多西方马克思主义者纷纷探索二者之间的关系，到20世纪70年代形成了国家理论的复兴。在这个大背景下，密里本德援引马克思主义理论来解释那个时代的社会经济和政治状况，并探索了一些政治

---

① Paul Wetherly, Clyde W. Barrow and Peter Burnham, *Class, Power and the State in Capitalist Society: Essays on Ralph Miliband*, New York: Palgrave MacMillan, 2008, p. 203.

② Ibid., p. 12.

学中的核心概念，在某种程度上补充发展了马克思主义的国家理论。这也使他成为最早系统研究当代资本主义国家的马克思主义者之一。

密里本德勾画出资本主义社会下阶级与国家权力的结构，考察了发达资本主义国家的本质，并将国家自主性确立为国家的一般性质，为马克思主义国家理论的复兴和发展做出了重要贡献。因此，在复兴和发展马克思主义国家理论的问题上，密里本德毫无疑问起到了积极而重要的作用，尤其是他和普兰查斯的争论更是"奠定了二人在国家理论研究中的核心地位"①。"西方许多后来陆续出现的马克思主义国家理论都是由他们的那场争论引发出的。"② 密里本德在对国家进行政治学意义上的研究时，以社会学的视角为前提，从社会结构、社会矛盾出发研究国家权力和国家本质，把政治学中的研究对象放到一定的社会背景中去探索，在社会结构和社会关系中寻求答案，这是对国家研究方法的丰富。因此，密里本德的国家理论除了按照马克思主义的理论原则，将资本主义国家的阶级本质以更加真切的笔触直观地揭露出来，对资本主义的民主和资本主义国家的意识形态控制进行了猛烈的批判，他还着重讨论了国家的相对自主性问题，对马克思关于国家相对独立性阐述做了进一步发挥。他结合发达资本主义国家的现实，从马克思主义的视角对国家与统治阶级、自主性和阶级性的关系，以及国家职能和国家自主性之间的关系展开了详细的阐述。他对国家自主性理论的研究成果有助于人们理解国家的决策行为，更好地理解其阶级本质，而不至于被资产阶级的花言巧语所蒙蔽。保罗·卫斯理等学者称他的学术研究避免了"以往对马克思主义的解释过

---

① ［美］史丹利·阿若诺威兹、彼得·布拉提斯：《逝去的范式：反思国家理论》，李中译，吉林人民出版社 2011 年版，第 3 页。

② 同上书，第 2 页。

分简单和公式化的理解"①。因此，密里本德对马克思主义国家理论的复兴和发展做出了一定贡献。

三 论证了马克思主义的政治理论的当代效应

密里本德在修正马克思主义政治理论的同时，致力于证明马克思主义可以为人们在对资本主义社会的统治和政治进行复杂而全面的分析时提供理论和实践上的工具，并对马克思主义的论述做了现代意义上的论证，肯定了马克思主义国家观的当代效应。在批判多元主义国家理论的同时，指明了马克思主义是取代它的最好理论。② 纽曼就密里本德和马克思主义的关系指出，密里本德一直坚持马克思主义中的关键概念和经典理论来支撑其政治理论的构建。③ 通过分析，我们发现，密里本德不仅援引了马克思主义理论来构建自己的政治理论，同时他也用经验主义的方法论证马克思主义经典理论，比如现代资本主义国家仍然是资产阶级的统治工具，并进一步指出发达资本主义国家通过"政治社会化"的过程维护了阶级统治的合法性。"二战"后随着资本主义国家迅猛发展，多元主义国家理论家们借资本主义社会发生的重大变化，来证明马克思主义的国家观已经过时，由此对马克思主义提出挑战。正因如此，密里本德作为一名左翼政治学家深切感到研究马克思主义国家理论的紧迫性和必要性。在他看来，如果不对资本主义国家的本质进行深刻的分析和揭露，人们就会很容易丧失阶级觉悟，彻底沦为资产阶级的奴隶。正如列宁所说："在现代，要成为一个可靠的捍卫者，仅仅有

---

① Paul Wetherly, Clyde W. Barrow and Peter Burnham, *Class*, *Power and the State in Capitalist Society*: *Essays on Ralph Miliband*, New York: Palgrave MacMillan, 2008, p. 234.

② 参见 Leo Panitch, "Ralph Miliband, Socialist Intellectual, 1924 – 1994", *Social Register*, Vol. 31, 1995, p. 13。

③ 参见 Paul Wetherly, Clyde W. Barrow and Peter Burnham, *Class*, *Power and the State in Capitalist Society*: *Essays on Ralph Miliband*, New York: Palgrave MacMillan, 2008, p. 233。

大炮、刺刀和皮鞭是不够的，还必须努力使被剥削者相信，政府是超阶级的，它不是为贵族和资产阶级利益服务的，而是为公正的利益服务的，它是关心保护弱者和穷人，反对富人和强者的，等等。"① 但密里本德指出，资本主义社会的变化是一种量变而非质变。尽管出现了新的所有制形式，国家对经济生活的控制明显增强，但这些都无法掩盖私人和企业对经济的根本控制，发达资本主义国家仍然是资产阶级统治的工具。在阶级结构的问题上，尽管工人阶级的绝对贫困现象基本消失，中产阶级更多地参与到经济和政治生活中，但是，资本主义的经济基础决定了发达资本主义国家的基本阶级结构仍然是资产阶级和工人阶级。只不过相比马克思的时代，它们在当代社会中的外延有所扩大，可以称为统治阶级和从属阶级。就此而言，马克思主义国家观依旧具有当代有效性。关于现代资本主义国家是资产阶级统治工具的命题，密里本德从两个方面进行了论证。其一，发达资本主义国家的权力精英主要由传统的资产阶级构成，而非资产阶级出身的社会精英通过类似贵族经历过的"资产阶级化"的方式使自己成为统治阶级。这些都决定了国家首先并不可避免的是在这些社会中占统治地位的经济利益的卫士和捍卫者，它的真正意图是确保资产阶级的统治地位。其二，在对政党和高级文官、高级军事人员以及法官等国家雇员的行为分析中，证明了由于资本主义生产方式具有强大的结构性强制力，政治人物不得不形成有利于资本主义制度的偏见，并按照资产阶级的意愿行事。因此，他们推行的政策归根结底有利于资产阶级的利益。密里本德还进一步揭示了资产阶级为了维护自身的统治而进行着隐蔽的"政治社会化"活动。他援引了葛兰西的霸权理论指出，自"二战"后，资产阶级逐渐减少了暴力镇压的政策，而是将重心移向了

———————————

① 《列宁全集》第 5 卷，人民出版社 2013 年版，第 66 页。

政治合法性的建构，即"政治社会化"。在政党、宗教、民族主义和实业界的共同协作下，通过大宗传媒和教育两种途径不断地推进。总之，密里本德对战后发达资本主义国家的新情况和新动向做了深入研究，在新的历史条件下论证了马克思主义政治理论中的主要观点。

四 坚定了人们社会主义替代资本主义的信念

根据马克思主义的历史唯物主义观点，无产阶级战胜资产阶级，取得统治地位，首先要消灭资本主义的生产方式，完成基础意义上的社会变革。但是西方马克思主义者发现，随着资本主义经济的不断发展，这种根本性的经济变革无法实现，他们开始寻求政治意义上的解放。由此开启了西方马克思主义的理论研究。在某种意义上，这是马克思主义在当代资本主义社会背景下的新变化和新发展。但是这在客观上导致了革命阶级对统治阶级的妥协，模糊了人们对社会主义的认识。密里本德对发达资本主义国家深入研究有助于阐明社会主义仍然是资本主义最好的替代，进而坚定人们的社会主义信念。因为"如果没有造成资本主义的信心危机和积累危机，改革就不可能进行"①。从 20 世纪中期开始，一系列变化不断挑战着人们对社会主义的信心。密里本德将当时的现实状况概括为两个方面。一是左翼对现实的失望：共产主义政权的灾难性失败使社会主义遭到指责；社会民主党和政府联合进入资本主义社会的趋势越加明显；由 1968 年事件所生成的希望的消散；战后资本主义仍然充满生命力。二是右翼在最近几十年的信心极大地增强：选举的胜利；它对市场的优点的肯定；自由企业和竞争表现出巨大的优越性；个人主义盛行。

---

① Leo Panitch, "Ralph Miliband, Socialist Intellectual, 1924 – 1994", *Social Register*, Vol. 31, 1995, pp. 13 –14.

　　这些事实让许多致力于社会主义事业的人产生了一些悲观的想法，"当时普遍认为社会主义就是对资本主义社会秩序的重新组合，一些致力于政治进步的人以各自不同的方式……指出社会主义不再是传统马克思主义意义上的人类解放"①。这在密里本德看来是一个危险的错觉。因为任何有关社会更新的计划都会引起人们的怀疑、敌视和谴责。许多新的思想潮流纷纷涌现，人们不再相信全面替代资本主义社会是可能的甚至是可取的。这种对信仰的侵蚀影响巨大。因为它否定了在新的历史条件下社会主义可以取代资本主义。但密里本德通过分析明确地指出，苏联和东欧社会主义轰然倒塌并没有使马克思主义失效，社会主义仍将取代资本主义。他对于社会主义的阐明和辩护，对于当时人们坚定社会主义的理想信念具有重要的意义。

　　一方面，密里本德对当代资本主义国家的批判揭露了资本主义在长期发展中的弊端和缺陷，这有利于人们认清资本主义的发展现实，戳穿西方主流学者宣称的资本主义是历史的终结等谬论。另一方面，密里本德把社会主义的实现看作一个长期的过程，有效地避免了一些跃进式的错误思维。社会主义的实现不是一朝一夕可以完成的，必须明确当前所处的历史阶段，在现有的条件下一步一步踏实迈进。最重要的是，在当时苏联解体、东欧剧变的消极影响下，密里本德仍然提出了社会主义对资本主义替代的可能性，以及一些社会主义策略。这种乐观的态度对于深受打击的人们来说是一种极大的鼓舞，坚定了人们的社会主义信念。

五　开启了西方马克思主义的"政治学"转向

　　20 世纪初，新的革命形势和历史条件促使理论家和政治家重

------

① Ralph Miliband, *Socialism for a Sceptical Age*, London: Polity Press, 1994, p. 69.

新审视马克思主义的理论观点和个性策略。如果具体地分阶段地考察马克思主义的分化，我们发现20世纪早期和中期存在历史背景的某些差异。20世纪早期，不同的马克思主义者围绕无产阶级革命的命运和革命策略问题展开争论。具体而言，十月革命之后，为了实现欧洲的社会主义革命，西方发达资本主义国家陆续爆发了一系列工人阶级的革命运动。但随着这些革命的失败，人们对这些运动的指导策略产生怀疑和反思。人们对正统马克思主义的决定论展开批判，提出无产阶级的阶级意识的重要性。在正统马克思主义者看来，按照马克思的设想，资本主义经济的发展会使生产力和生产关系之间产生矛盾，生产力的社会化和生产资料私有制的矛盾必然导致资本主义的经济危机，进而引发无产阶级革命。但事实上，随着资本主义自身的发展，这种革命非但没有爆发，反而在资本主义的不断改革下，资产阶级的统治变得日益牢固，无产阶级的革命意识越来越薄弱。如何面对资本主义的发展新阶段，维护马克思主义的有效性成为当时的理论难题。以卢卡奇、柯尔施和葛兰西为代表的早期西方马克思主义根据现实的变化对马克思主义做出新的解释，强调阶级意识和文化领导权的重要性。而20世纪中期的马克思主义如法兰克福学派、存在主义马克思主义等大都放弃传统马克思主义关注的无产阶级及其革命运动范围的问题，转而将关注点放到人的生存境遇，围绕人类面临的普遍问题，以文化为切入点开始探索如何使人们摆脱异化或者物化的困境，试图找到实现人的自由解放的新途径。

从早期的西方马克思主义思想家来看，卢卡奇、柯尔施和葛兰西全都积极地参与政治。1932年，随着马克思"巴黎手稿"重见天日，西方马克思主义开始出现哲学转向，远离了现实的经济和政治问题，其理论聚焦于马克思早年关注的哲学问题上。以法兰克福学派为例，在霍克海默担任所长之前，法兰克福学派主要致力于分析资本主义社会的经济基础，热烈赞同无产阶级的事业，并致力于提高被剥削者的阶级觉悟，为他们提供从事解放斗争的理论武器。1930年之后，研究所的政策发生变化，开始"把注意力首先集中于资产阶级社会的文化上层建筑，力图重新考察马克思主义思想的基础"①。以霍克海默和阿多诺为代表的学者，开始重点研究物化概念。虽然他们并不否认马克思关于经济在资本主义社会中起作用的观点，但他们显然没有将经济学运用到对社会的整体分析中，导致他们在政治态度以及政治实践上的缺失。换言之，法兰克福学派后期丧失了最初的目标，脱离了革命工人阶级活动，滋长了政治上的悲观主义，在观念上放弃了对政治实践的信奉。20世纪30年代到60年代末，整个西方无产阶级被悲观政治主义所笼罩，无产阶级已经被资产阶级所同化的观点是这一时期的主基调。过去对立的两大阶级已经一体化了，他们在生产劳动方式、生活方式和意识形态上都越来越走向趋同。西方马克思主义几乎放弃了现实意义上的政治和经济问题研究，理论阵地也几乎转移到大学中。1968年的法国"五月风暴"爆发了以青年学生为主的革命风暴，继而又引发了意大利、英国、美国等多个资本主义国家新一波革命运动。虽然这时的革命运动同早期传统意义上的工人运动相比，在形式、内容以及影响力上不及后者，但从历史的发展进程看，这些革命运动影响了西方马克思主义理论上的转向。在一定意义上，从这一时期开始，西方马克思主义者的一部分人重新回到了对政治问题的研究上，开启了当代马克思主义政治问题的复兴。

在深入了解英国马克思主义在20世纪的具体发展历程后，我们发现，第二次世界大战之后，作为西方马克思主义重要组成部分的英国马克思主义在理论研究上取得了一定的发展，尤其是涌现出

---

① ［英］戴维·麦克莱伦：《马克思以后的马克思主义》，李智译，中国人民大学出版社2012年版，第270页。

一些重要的马克思主义历史学家，他们在文学、历史学和经济学等领域发展了马克思主义。更为重要的是，英国马克思主义在政治学领域也做出了重要的贡献。早期英国新左派创建了丰富而重要的理论，并引发了许多高水平的争论。他们结合具体的政治与文化现实背景重新思考社会主义原则等问题，努力解释社会变革，积极开拓各种形式的理论分析。但他们对宏观政治的关注并未持续很久。进入20世纪80年代以后，英国的马克思主义出现分化的趋势。60年代以前，英国的马克思主义者对英国的社会主义前景抱有极大的期望，坚信在工人阶级及其政党的带领下，英国未来一定会实现社会主义。随着工党右翼占据上风，英国新左派在政治上出现显著分化。第一代新左派坚信英国工人阶级能够带领英国进入社会主义。第二代新左派则认为英国依靠自身的力量无法走向社会主义。一是长久以来英国都缺乏社会主义和马克思主义的传统。二是工人阶级自身存在局限性，除非有外部革命运动的推动，否则仅仅依靠本国的工人阶级是无法实现社会主义的。三是新社会运动蓬勃发展，以法国"五月风暴"为开端，以及后来波及欧美国家的和平运动、生态运动、女权运动等新社会运动，使部分英国马克思主义者认为社会主义革命已经从工人阶级运动转变为工人阶级和其他多元社会政治力量共同参与的运动。综合这几点原因，第二代新左派最终将革命的希望寄托在拥有文化知识的青年学生身上。他们译介了大量国外社会主义革命的理论，希望借此武装英国的青年学生。在这样的背景下，密里本德坚持以马克思主义的经济范畴解释社会变革与政治行为，终生致力于对政治学问题的研究。在发展马克思主义政治学和推动西方马克思主义"政治学"转向的过程中，密里本德无疑起到了重要的作用。他曾经指出，马克思主义内部一直存在一种倾向，即认为政治形式是无关紧要的，这"低估和忽视'纯粹的'政治形式的重要性，并且导致不重视与政治形式有关的问题"，"如果不在政治制度和政治形式下进行探索，政治现实就无从得出定论"。① 在他看来，上述观点是马克思主义政治分析和马克思主义政治社会学的基础。因此，他表示，指明马克思主义政治理论究竟具体包括哪些内容，并指出它们对说明历史或现实问题的意义是捍卫马克思主义，澄清误解的最好办法。显然，在这个问题上，汤普森等人是从历史角度解读英国经济政治发展状况，而密里本德是从当代社会权力入手批判资本主义，开创了一种新的批判思路。他分析了私人经济利益、阶级权力与国家之间的关系。虽然他坚持从经典马克思主义的立场出发研究当代政治问题，但他并没有简单地回到马克思的文本，而是运用新的理论成果，结合新的历史实践对马克思主义政治理论进行了新的解读，并批判了斯大林主义的机械决定论和经济还原论的思想，对历史唯物主义的阶级、国家等概念和结论形成新的理解。密里本德力图用他理解的马克思主义政治理论来批判当代的资本主义。他对于当代政治问题鞭辟入里的分析，他和普兰查斯关于国家问题的争论使一些马克思主义者重新回归政治问题的研究，活跃了英国马克思主义的政治学研究。

第三节　密里本德政治理论的局限性

虽然密里本德关于阶级、国家和社会主义策略的政治理论存在积极的意义，但他在阶级划分标准、对未来社会主义的建设方案以及学术视野等方面还存在一定的局限性。

一　阶级划分标准上的"多元论"嫌疑

密里本德试图证明阶级仍然是发达资本主义国家的客观存在，

---

① ［英］拉尔夫·密里本德：《马克思主义与政治学》，黄子都译，商务印书馆 1984 年版，第 13 页。

阶级斗争是资本主义社会重要的分化，只有社会主义才能提供解决压迫和剥削的方法。但是，我们也可以清楚地看到，他的观点并非都是正统的马克思主义观点，如在阶级划分标准问题上具有多元论的嫌疑，其实质就是把阶层划分的标准用在了阶级划分上。他在《分化的社会：当代资本主义中的阶级斗争》一书的序言中提到，马克思主义虽然概括了阶级斗争和阶级分析的基本主题，但其分析模式明显带有强烈的经济主题。密里本德进一步指出，阶级分析也具有强烈的政治和意识形态主题，它们和经济主题交织在一起，成为一个密不可分的整体。简言之，"'经济因素'并不能提供'万能钥匙'来理解当前的历史的或是当前的现实"[1]。按照历史唯物主义的观点，阶级是个经济范畴，它是基于资本主义生产方式的。恩格斯也说过："互相斗争的社会阶级在任何时候都是生产关系和交换关系的产物。"[2] 这一论断在当今是否适用一度引起西方学者极大的关注和讨论。有西方学者认为，阶级是一个历史进程，除经济因素起着根本决定作用外，它也受到政治、文化等的影响。还有一些西方学者主张，阶级是一种剥削关系的社会表达，具体表现为社会结构。更有学者抛弃了阶级的经济范畴本质，认为当今资本主义社会的阶级是个政治范畴。但是，不论怎样，他们基本认同马克思对阶级划分标准的规定。密里本德是一位具有马克思主义传统的学者，他并不认为马克思主义的阶级划分标准是"经济决定论"的，而且他也基本遵照了这一标准。但同时他也提出，当前阶级的划分也要综合考虑收入和权力因素。尤其是在划分统治阶级时，他受到米尔斯精英权力理论的影响，格外强调权力因素对于统治阶级的重要性，也更多地采用了社会学的研究方法，放弃了历史唯物主义的

---

[1]　Ralph Miliband, *Divided Societies: Class Struggle in Contemporary Capitalism*, Oxford: Oxford University Press, 1989, p. 3.

[2]　《马克思恩格斯文集》第9卷，人民出版社2009年版，第29页。

观点。他在不知不觉中否定了真正起决定作用的经济因素，陷入多元论的泥淖，将原本是阶层划分标准的收入和权力因素当作了阶级划分的标准。因此，卫斯理评价密里本德的阶级理论是多元理论和马克思主义理论的联姻。密里本德强调的是阶级和政治权力在社会结构中的共同决定作用，但在阶级划分标准上，经济因素和其他因素不能并列，经济因素所起的作用仍然是决定性的。总之，我们对密里本德的阶级观要有一个科学的认识，既要看到他和马克思主义的关系，又要把握其理论提出的历史背景和语境。尤其要明白，由于研究方法的差异和转化，在阶级划分标准上，他和马克思主义的观点是有明显区别的。

二 社会主义策略的实质是一种改良主义

密里本德坚信社会主义是资本主义最好的替代，并形成了以社会改革为主要方式的社会主义革命策略思想。但是通过分析我们发现，密里本德的社会主义策略其实是一种改良主义。列宁认为，改良"就是不破坏统治阶级的政权基础，只要统治阶级在保持其统治的条件下作出一些让步"①。在阶级社会，改良具有两面性。对革命阶级而言，改良可以迫使统治阶级做出一些让步，改善自身的地位，为本阶级的利益创造更好的条件；就统治阶级而言，改良符合他们的利益。适度的改良可以分散革命阶级精力，削弱、模糊他们的阶级认识，进而削弱、阻止甚至是扑灭革命斗争。鉴于改革具有两面性，革命阶级"一方面决不利用改良来发展革命的阶级斗争（恩格斯说：'我们分期收债款'），另一方面决不能把不彻底的资产阶级改良主义的口号'变成自己的'口号"②。改革的两面性决定了工人阶级的意向和活动不能局限于改良范围内的改良主义。密

---

① 《列宁全集》第 23 卷，人民出版社 1958 年版，第 158 页。
② 《列宁全集》第 12 卷，人民出版社 1959 年版，第 222 页。

里本德的改良主义及其缺陷具体表现在以下两点：

其一，尽管密里本德对发达资本主义国家做了深入的批判，主张要以社会主义取代资本主义，但他在向社会主义方向改变的前景方面持过于谨慎的态度，而且采取的措施也过于温和。其一，密里本德在讨论什么是社会主义时提出了三个核心的衡量标准：民主、平等和经济层面的社会化，并强调只要符合这三个标准，那么就是实现了社会主义。很明显，他提出的这些标准是社会主义的应有之义，不足以作为区分社会主义和资本主义的标准。资本主义国家也可以在一定程度上实现这三个目标。基于此，密里本德对社会主义未来的规定性思考过于狭窄。其二，就采取的措施而言，密里本德强调结构化的改革，从国家机构到意识形态领域的改革，再到经济层面的大力发展公有和私有的混合经济。同时，作为经济整体的必要补充，推进以中小企业为主的私有经济。这些改革固然有其必要性，对于实现社会主义有重要意义，但在资本主义制度下这类改革很难真正地进行。即便这些改革目标可以完全实现也不等于实现社会主义。

其二，密里本德否认了从制度上建立社会主义的必要性，仅仅将其理解为一个长期奋斗的过程。他主张去掉资产阶级民主的阶级局限性，保留民主形式。比如密里本德在阐述自己的改良措施时，主张将西方国家政治制度的三权分立原则应用到社会主义政权的建立完善中。在此基础上，循序渐进地向着社会主义三个核心目标努力。密里本德强调，虽然自己主张的改良策略是在资本主义制度范围内进行的，但它并不等于资产阶级的社会改良。但根据马克思主义的观点，资产阶级的国家机器代表并维护资产阶级的利益，如果不打碎这个国家机器，那么就无法真正实现社会主义。即便马克思承认在旧政权内进行合法斗争的意义，但它们始终只能作为革命的辅助手段。没有革命，不推翻旧的统治阶级，社会主义就无法真正实现。如何在资本主义国家实现社会主义本就是一个值得深入探索的问题，更何况是在已经高度发达的资本主义国家。虽然密里本德援引马克思的命题"工人阶级不能简单地掌握现成的国家机器，并运用它来达到自己的目的"①，但他没有洞悉马克思真实的想法。马克思其实是强调无产阶级要打碎并摧毁资产阶级的国家机器，建立无产阶级专政。在《法兰西内战》中，马克思明确指出，只有先实行无产阶级专政，才能把生产资料私有制转变为生产资料公有制，才能消灭阶级统治和阶级压迫。马克思还依据巴黎公社的经验构想了无产阶级国家实行的民主形式。列宁也曾指出："只要资本的统治还存在，尽管实行个别改良，工人总还是雇佣奴隶。"② 因此，尽管密里本德将社会主义理解为一个长期过程可以鼓励人们为社会主义不断努力奋斗，但是避开制度谈论社会主义不利于人们明确资本主义和社会主义之间的本质区别，更加不会真正实现马克思所设想的社会主义。经济基础决定上层建筑，而上层建筑对经济基础具有一定的反作用。不改革政治体制，推翻资本主义的统治，那么实现社会主义就是一种乌托邦。密里本德主张的社会主义革命策略忘记了革命阶级的利益和任务，忽视了一切改良只能作为革命的副产品而进行。争取改良的斗争最终要以革命斗争为归宿。因此，社会主义的实现仅仅依靠国家机构的改革和社会化的经济是不够的，必须推翻资产阶级的统治，在政治上建立社会主义政权。

综合上述两点我们可以看出，密里本德的社会主义策略思想是一种改良主义。关于改良和改良主义，马克思和恩格斯的态度很明确。他们并不反对改良，但坚决反对直接把工人阶级的意向和活动局限在改良范围内的改良主义。即便是认可改良，也有一定的前提条件，即它作为革命的副产品而存在。也就是说，改良和革命应该

① 《马克思恩格斯文集》第 3 卷，人民出版社 2009 年版，第 151 页。
② 《列宁全集》第 19 卷，人民出版社 1959 年版，第 372 页。

相结合。而改良主义把改良当作全部，主张以改良代替革命，其本质是妥协和通融。密里本德虽然声称改革也是一种革命，但是只要资产阶级的统治还在，即便实行改良，工人阶级也还是雇佣者的奴隶，遭受剥削和奴役。因此，密里本德的社会主义策略思想实际上是一种改良主义。就这一点而言，他背离了马克思主义。

三　学术视野的狭窄限制了其理论的有效性

受英国传统哲学的影响，密里本德注重对国家进行实证研究，具有很强的现实感，这是值得肯定的。但是过于狭窄的学术视野也限制了其理论的有效性。

其一，单一的研究视角决定了其国家理论的局限性。一方面，密里本德对发达资本主义国家的研究无法全面反映资本主义国家的特点。尽管密里本德在《资本主义社会的国家》声明，其理论研究对象是发达资本主义国家。但是，他仅选取了英美等几个国家作为研究蓝本，无法将不同类型发达资本主义国家间的差异和特点全面地呈现出来。另一方面，密里本德的研究存在理论视野狭窄的问题。如他单从阶级的视角研究国家存有一定的片面性。阶级是分析国家本质的一把钥匙，对于厘清国家本质有重要意义。但是，我们也应该看到，国家本身是一个涉及经济、政治、文化和社会的复杂问题，对于它的研究应该是多层次综合性的。普兰查斯就曾批评密里本德关于发达资本主义国家的研究只是局限在对国家性质的研究，没有把资本主义国家的不同类型纳入研究视野。更加重要的是，要揭示国家的本质和作用，首先要从国家的起源着手。按照马克思主义的观点，市民社会决定国家。因此研究国家必须首先从市民社会入手，探讨国家从何而来，看到国家背后的经济关系实质。只有这样，才能深刻地认识并把握发达资本主义国家的本质和作用。就这一点而言，密里本德仅从阶级这一视角研究资本主义国家的本质显然是不够的。

此外，虽然密里本德吸收了同时代思想家的一些合理思想，并在同普兰查斯的争论中形成和发展自己的理论，但他的国际视野依然不够，如对同时代的分析的马克思主义，法兰克福学派的批判理论，存在主义马克思主义理论等没有予以足够的关注，使他未能更全面科学地认识当时已经变化的资本主义世界，影响了其理论的有效性。

尽管如此，密里本德关于发达资本主义阶级、国家的政治学考察和研究，以及对未来社会的展望，仍然是一次出色的尝试。马克思和恩格斯在《共产党宣言》的德文版序言中指出："这些原理的实际运用……随时随地都要以当时的历史条件为转移。"[①] 在新的历史条件下认识阶级和国家问题也要采取与时俱进的科学态度，把马克思主义的阶级理论和国家理论同各个历史时期和不同国家的具体情况结合起来，反对形而上学式的理解。密里本德的理论总体来看体现了这一点，他对发达资本主义的阶级现状和国家本质的重新解释，不是简单机械的援引，而是包含自身的思考和对马克思主义理论的发展，这对我们认识当代资本主义实质和发展马克思主义政治理论具有重要的借鉴意义。

党的十八届三中全会做出了全面深化改革的重要决定，同时将"推进国家治理体系和治理能力现代化"列为"全面深化改革的总目标"之一。国家治理概念的提出意味着政府从传统的管理走向了治理，是新形势下我国对于履行国家职能的深度思考，也是对于建设中国特色社会主义政治的新思维。国家治理强调多层次、多主体，它一方面涉及政治、经济、文化、社会、生态和政党等多方面的建设，另一方面又依靠政府、社会和人民等主体来推动国家治理

---

① 《马克思恩格斯文集》第 2 卷，人民出版社 2009 年版，第 5 页。

的完成。国家治理的提出实质是对国家与市民社会关系的再发展，也是我们党对于社会和国家关系的深刻认识的结果。

在密里本德看来，国家自主性是普遍存在于各类型国家的一种属性，国家不仅相对独立于其存在的经济基础，也独立于统治阶级和从属阶级。这反映在国家的具体行为上就是国家机关为了特定的目标制定政策时，不会仅仅考虑其阶级的利益。总之，国家的这种属性显示出了国家不能独立于社会，国家必须与社会之间有一个良好的互动。密里本德在对国家自主性问题进行研究时，特别强调要辩证地看待马克思主义经济基础和上层建筑关系。他曾经指出，马克思不仅强调经济的基础地位，也重视政治在社会发展中的重要作用，政治因素具有一定的自主性。根据密里本德的观点，我们可以看出，他的国家自主性理论实质也是对国家和社会之间关系的研究。国家权力源于社会而又凌驾于社会权力之上，但是，缺乏社会权力的支撑，就会动摇国家权力的合法性基础。只有正确处理国家权力和社会权力之间的关系，利用社会权力，才能增强国家的合法性根基。当前我国处于全面深化改革时期，社会的急剧转型带来了大量的社会问题，如果处理不当，势必会影响我国国家合法性的基础以及国家治理现代化的推进。因此，国家要改善治理模式，从"强国家，弱社会"的传统状况到尊重社会，尊重人民，将部分权力归还社会，只有在政府、社会和人民共同的协作下，国家的治理能力才能真正地提高。

参考文献

一 中文类

［1］《马克思恩格斯文集》第 1、2、3、4、5、8、9、10 卷，人民出版社 2009 年版。

［2］《马克思恩格斯全集》第 3 卷，人民出版社 1960 年版。

［3］《列宁全集》第 31 卷，人民出版社 1985 年版。

［4］《列宁全集》第 5、6 卷，人民出版社 2013 年版。

［5］［古希腊］亚里士多德：《政治学》，吴寿彭译，商务印书馆 2014 年版。

［6］［德］黑格尔：《法哲学原理》，范阳、张启泰译，商务印书馆 2010 年版。

［7］［匈］乔治·卢卡奇：《历史和阶级意识——关于马克思主义辩证法的研究》，杜章智、任立、燕宏远译，商务印书馆 1999 年版。

［8］［意］葛兰西：《狱中书简》，田时纲译，人民出版社 2008 年版。

［9］［意］安东尼奥·葛兰西：《狱中札记》，葆煦译，人民出版社 1983 年版。

［10］［法］路易·阿尔都塞：《读〈资本论〉》，李其庆、冯文光译，中央编译出版社 2001 年版。

［11］［英］佩里·安德森：《西方马克思主义探讨》，高舌等译，人

民出版社 1981 年版。

[12] ［英］佩里·安德森:《当代西方马克思主义》,余文烈译,东方出版社 1989 年版。

[13] ［加］本·阿格尔:《西方马克思主义概论》,慎之等译,中国人民大学出版社 1991 年版。

[14] ［英］拉尔夫·密里本德:《马克思主义与政治学》,黄子都译,商务印书馆 1984 年版。

[15] ［英］拉尔夫·密里本德:《英国资本主义民主制》,博铨、向东译,商务印书馆 1988 年版。

[16] ［英］拉尔夫·密里本德:《资本主义社会的国家》,沈汉等译,商务印书馆 1997 年版。

[17] ［希腊］尼科斯·波朗查斯:《政治权力与社会阶级》,叶林、王宏周、马清文译,中国社会科学出版社 1982 年版。

[18] ［英］E. P. 汤普森:《英国工人阶级的形成》,钱乘旦等译,译林出版社 2013 年版。

[19] ［英］C. 赖特·米尔斯:《权力精英》,王崑、许荣译,南京大学出版社 2004 年版。

[20] ［英］C. 赖特·米尔斯:《社会学的想象力》,陈强等译,生活·读书·新知三联书店 2012 年版。

[21] ［德］C. 奥菲:《福利国家的矛盾》,郭忠华译,吉林人民出版社 2006 年版。

[22] ［法］亨利·列菲弗尔:《论国家——从黑格尔到斯大林和毛泽东》,李青宜译,重庆出版社 1988 年版。

[23] ［法］亨利·列菲弗尔:《马克思的社会学》,谢永康、毛林林译,北京师范大学出版社 2013 年版。

[24] ［英］安东尼·吉登斯:《批判的社会学导论》,郭忠华译,上海译文出版社 2007 年版。

[25] ［美］汉娜·阿伦特:《极权主义的起源》,林骧华译,生活·读书·新知三联书店 2008 年版。

[26] ［美］汉娜·阿伦特:《马克思与西方政治思想传统》,孙传钊译,江苏人民出版社 2012 年版。

[27] ［美］乔治·萨拜因:《政治学说史》,邓正来译,上海人民出版社 2008 年版。

[28] ［加］威尔·金里卡:《当代政治哲学》,刘莘译,上海人民出版社 2011 年版。

[29] ［美］乔尔·S. 米格代尔:《强社会与弱国家:第三世界的国家社会关系及国家能力》,张长东等译,江苏人民出版社 2009 年版。

[30] ［美］乔尔·S. 米格代尔:《社会中的国家》,李杨、郭一聪译,张长东校,江苏人民出版社 2013 年版。

[31] ［英］戴维·米勒、韦农·波格丹诺主编:《布莱克维尔政治学百科全书》,邓正来译,中国政法大学出版社 2002 年版。

[32] ［美］张校敏:《马克思的国家理论》,田毅松译,上海三联书店 2013 年版。

[33] ［英］戴维·比瑟姆:《马克斯·韦伯与现代政治理论》,徐鸿宾等译,浙江人民出版社 1989 年版。

[34] ［美］亚当·普热沃尔斯基:《资本主义与社会民主》,丁韶彬译,中国人民大学出版社 2013 年版。

[35] ［美］史丹利·阿若诺威兹、彼得·布拉提斯:《逝去的范式:反思国家理论》,李中译,吉林人民出版社 2011 年版。

[36] ［德］亨利希·库诺:《马克思的历史、社会和国家学说》,袁志英译,上海译文出版社 2014 年版。

[37] ［美］丹尼尔·贝尔:《意识形态的终结》,张国清译,中国社会科学出版社 2013 年版。

［38］［德］卡尔·曼海姆：《重建时代的人与社会：现代社会结构研究》，张旅平译，译林出版社 2011 年版。

［39］［美］史蒂文·卢克斯：《权力：一种激进的观点》，彭斌译，江苏人民出版社 2008 年版。

［40］［美］艾瑞克·欧林·赖特：《阶级分析方法》，马磊、吴菲等译，复旦大学出版社 2011 年版。

［41］［英］戴维·麦克莱伦：《马克思以后的马克思主义》，李智译，中国人民大学出版社 2008 年版。

［42］［英］迈克尔·肯尼：《英国第一代新左派》，李永新、陈剑译，江苏人民出版社 2010 年版。

［43］［美］丹尼斯·德沃金：《文化马克思主义在战后英国》，李凤丹译，人民出版社 2008 年版。

［44］［美］R. W. 米勒：《分析马克思——道德、权力和历史》，张伟译，高等教育出版社 2009 年版。

［45］徐崇温：《当代资本主义新变化》，重庆出版社 2005 年版。

［46］王沪宁：《政治的逻辑》，上海人民出版社 2004 年版。

［47］姜辉等：《当代西方工人阶级研究》，中国社会科学出版社 2015 年版。

［48］黄继锋：《阿尔都塞与马克思》，安徽人民出版社 2003 年版。

［49］仰海峰：《西方马克思主义的逻辑》，北京大学出版社 2010 年版。

［50］张亮：《英国左派思想家》，江苏人民出版社 2010 年版。

［51］周凡：《后马克思主义导论》，中央编译出版社 2010 年版。

［52］周穗明等：《现代化：历史、理论与反思》，中央广播电视出版社 2002 年版。

［53］周穗明：《20 世纪西方马克思主义发展史》，学习出版社 2004 年版。

[54] 周穗明、王玫:《西方左翼论当代西方社会结构的演变》,江苏人民出版社 2008 年版。

[55] 吴惕安、俞可平:《当代西方国家理论评析》,陕西人民出版社 1994 年版。

[56] 邓正来等主编:《国家与市民社会》,上海人民出版社 2006 年版。

[57] 复旦大学当代国外马克思主义研究中心编:《当代马克思主义评论·第五辑》,复旦大学出版社 2007 年版。

[58] 俞吾金主编:《国外马克思主义研究报告》,人民出版社 2012 年版。

[59] 俞吾金主编:《国外马克思主义研究报告》,人民出版社 2013 年版。

[60] 陈炳辉:《西方马克思主义的国家理论》,中央编译出版社 2004 年版。

[61] 陈振明、陈炳辉、骆沙舟:《"西方马克思主义"的社会政治理论》,中国人民大学出版社 1997 年版。

[62] 李青宜:《"西方马克思主义"的当代资本主义理论》,重庆出版社 1990 年版。

[63] 郁建兴:《马克思国家理论与现时代》,东方出版社 2007 年版。

[64] 鲁克俭:《国外马克思学研究的热点问题》,中央编译出版社 2006 年版。

[65] 糜海波:《国外马克思主义的"新阶级理论"研究》,南京大学出版社 2013 年版。

[66] 尹树广:《国家批判理论》,黑龙江人民出版社 2002 年版。

[67] 江红义:《国家自主性理论的逻辑:关于波朗查斯与密里本德的比较分析》,知识产权出版社 2011 年版。

［68］何子英:《杰索普国家理论研究》,浙江大学出版社 2010 年版。

［69］袁久红:《西方马克思主义的政治哲学》,东南大学出版社 2004 年版。

［70］韩秋红、李百玲:《断裂还是传承? 西方马克思主义及其当代资本主义观》,中央编译出版社 2004 年版。

［71］李忠尚:《"新马克思主义"析要》,中国人民大学出版社 1987 年版。

［72］蓝瑛主编:《社会主义政治学说史》,上海人民出版社 2001 年版。

［73］黄继锋:《西方新马克思主义阶级理论的嬗变》,《理论视野》2008 年第 3 期。

［74］张亮:《马克思主义国家理论及其当代发展——柯林·海伊教授访谈录》,《学海》2011 年第 2 期。

［75］张亮:《拉尔夫·密里本德国家理论的当代重访》,《求是学刊》2014 年第 9 期。

［76］陈炳辉:《米利班德对社会主义道路的探索》,《社会主义研究》1993 年第 5 期。

［77］陈炳辉:《试析"国家的相对自主性"》,《理论学习月刊》1994 年第 3 期。

［78］陈炳辉:《奥菲对现代福利国家矛盾和危机的分析》,《马克思主义与现实》2006 年第 6 期。

［79］杨雪冬:《西方马克思主义的国家理论简评》,《马克思主义与现实》2004 年第 2 期。

［80］郁建兴、周澍:《密里本德对马克思主义政治理论的批评与重建》,《马克思主义研究》2002 年第 2 期。

［81］江红义:《密里本德的国家理论:批判与捍卫》,《理论月刊》

2010 年第 10 期。

[82] 胡洋编写:《米利本德与新左翼政治》,《国外理论动态》2005
年第 2 期。

[83] 潘巍、徐昕:《拉尔夫·密里本德政治哲学视阈中的资本主义
民主制》,《唯实》2010 年第 4 期。

[84] 沈汉:《记杰出的英国马克思主义学者拉尔夫·密里本德》,
《史学理论研究》1995 年第 1 期。

[85] 孙军英:《密里本德对英国资本主义民主制的批判及启示》,
《理论探索》2014 年第 3 期。

[86] 李青宜:《"新马克思主义"的"政治分析"国家理论》,《马
克思主义与现实》1994 年第 2 期。

[87] 李青宜:《普兰查斯"结构主义"国家理论及其政治战略评
析》,《国外社会科学》1994 年第 3 期。

[88] 俞吾金:《普兰查斯政治哲学观念片段论》,《理论探索》2014
年第 3 期。

[89] 范春燕:《"国家相对自主性"含义辨析》,《理论探索》2007
年第 1 期。

[90] 刘剑:《国家自主性理论研究述评》,《国外社会科学》2010
年第 6 期。

[91] 张勇:《波朗查斯与密里本德的国家理论之争》,《贵州社会
科学》2007 年第 12 期。

[92] 刘力永:《"普兰查斯和密里本德之争"的历史真相及其价
值》,《社会科学辑刊》2010 年第 5 期。

[93] 刘力永:《尼科斯·普兰查斯:一个非典型的西方马克思主义
者》,《国外理论动态》2007 年第 4 期。

[94] 张勇、杨光斌:《国家自主性理论的发展脉络》,《教学与研
究》2010 年第 5 期。

二 英文类

[1] Ralph Miliband, *Class Power and State Power*, London: Verso, 1983.

[2] Ralph Miliband, *Divided society: Class Struggle in Contemporary Capitalism*, Oxford: Oxford University Press, 1989.

[3] Ralph Miliband, *Socialism for a Sceptical Age*, London: Polity Press, 1994.

[4] Nicos Poulantzas, *State, Power, Socialism*, London: New Left Books, 1980.

[5] Bob Jessop, *State Theory: Putting Capitalist States in Their Places*, Cambridge: Polity Press, 1990.

[6] Andre Gorz, *Farewell to the Working Class: An Essay on Postindustrial Socialism*, Boston: South End Press, 1982.

[7] Erik Olin Wright, *Class, Crisis and the State*, London: New Left Books, 1978.

[8] Fred Block, *Revising State Theory: Essays in Politics and Post-Industrialism*, Pennsylvania: Temple University Press, 1987.

[9] Martin Carnoy, *The State and Political Theory*, Princeton: Princeton University Press, 1984.

[10] Theda Skocpol, *States and Social Revolutions*, Cambridge: Cambridge University Press, 1979.

[11] Ellen Meiksins Wood, *Democracy against Capitalism: Renewing Historical Materialism*, Cambridge: Cambridge University Press, 1995.

[12] Michael Newman, *Ralph Miliband and the Politics of the New Left*, London: The Merlin Press, 2002.

［13］ Paul Wetherly, Clyde W. Barrow and Peter Burnham, *Class, Power and the State in Capitalist Society*: *Essays on Ralph Miliband*, New York: Palgrave MacMillan, 2008.

［14］ Paul Wetherly, *Marxism and the State*: *An Analytical Approach*, New York: Palgrave MacMillan, 2005.

［15］ Ralph Miliband, "The Capitalist State: Reply to Nicos Poulantzas", New Left Review, Vol. 59, January-February 1970.

［16］ Ralph Miliband, "Poulantzas and the Capitalist State", *New Left Review*, Vol. 82, November-December 1973.

［17］ Ralph Miliband, "State Power and Class Interests", *New Left Review*, Vol. 138, March-April 1983.

［18］ Ralph Miliband, "Reflections on the Crisis of Communist Regimes", *New Left Review*, Vol. 177, September-October 1989.

［19］ Ralph Miliband, "Socialism and the Myth of the Golden Past", *The Socialist Register*, Vol. 1, 1964.

［20］ Ralph Miliband, "C. Wright Mills", *New Left Review*, Vol. 58, November-December 1969.

［21］ Ralph Miliband, "Stalin and After: Some Comments on Two Books by Roy Medvedev", *The Socialist Register*, Vol. 10, 1973.

［22］ Ralph Miliband, "Political Forms and Historical Materialism", *The Socialist Register*, Vol. 12, 1975.

［23］ Ralph Miliband, "Moving On", *The Socialist Register*, Vol. 13, 1976.

［24］ Ralph Miliband, "Socialism in Question", *Monthly Review*, Vol. 42, No. 10, March 1991.

［25］ Leo Panitch, Ralph Miliband, "The New World Order and the Socialist Agenda", *The Socialist Register*, Vol. 28, 1992.

[26] Leo Panitch, "Ralph Miliband, Socialist Intellectual, 1924 –
1994", *The Socialist Register*, Vol. 31, 1995.

[27] Ellen Meiksins Wood, "Ralph Miliband, 1924 – 1994, The Common
Sense of Socialism", *Radical Philosophy*, Vol. 68, Autumn 1994.

[28] Andre Gorz, "Reform and Revolution", *The Socialist Register*,
Vol. 1, 1964.

[29] Robin Blackburn, "Ralph Miliband, 1924 – 1994", *New Left Re-
view*, Vol. 206, July-August 1994.